JN112618

EIKEN
Grade 3

最短合格
シリーズ

出る順で最短合格！

英検®

文部科学省後援

3級

無料音声アプリ
PCでもダウンロードできる

赤フィルター

単熟語EX 第2版

ジャパンタイムズ出版 英語出版編集部 & ロゴポート 編

the japan times 出版

　本書は『出る順で最短合格！ 英検®3級単熟語EX』の改訂版です。旧版同様、過去問データ（直近15年、約15万語）を徹底分析して作られています。

　3級の受験者が語彙力を強化すべき理由は2つあります。

　1つは、語彙力がリーディング、リスニング、ライティング、スピーキングすべての土台となるからです。単語や熟語を知らなければ、英語を読むことも、聞くことも、書くことも、話すこともできません。これは英検®受験者だけでなく、英語を学習するすべての人に共通する課題です。

　そしてもう1つは、筆記大問1で高得点を取るためです。試験の最初に出題される筆記大問1の語彙問題は、リーディング問題の中で大きな割合を占めるばかりでなく、選択肢の意味さえ知っていれば正解することのできる、学習が結果に結びつきやすい問題形式だからです。筆記大問1の選択肢に並ぶ語句は、中学を卒業するまでに必ず覚えておくべき重要語句ばかりで、ここに登場する語句を頭に入れておくことは、3級の合格にも必要不可欠です。

　このような重要語句をしっかりと身につけていただくため、本改訂版では初版に収録されていたlesson, rain, speak, hungry, animalといった中1レベルの語句の収録を見送る一方、boil, fitting room, apron, solar, forever, planetariumといった、筆記大問1の選択肢に登場したやや難易度の高い語句を積極的に採用しています。そして即戦力を高めるため、筆記大問1の選択肢として登場した頻度を掲載順の主な基準としました。

これらの語句の多くは長文読解問題やリスニング問題にも登場するため、マスターしておけば3級全体の対策になります。さらに、Unit 08〜10では、筆記大問1の選択肢になっていない頻出語も取り上げていますので、筆記大問1以外の問題にも完全に対応することができます。

　今回の改訂では、初版収録語の訳語や例文も大幅に見直しました。また、3級では筆記大問1を含め、熟語が多数出題されるため、Part 2では350の熟語を取り上げました。またPart 3では筆記大問1や大問2、リスニング第1部、第2部などで出題される会話表現も取り上げています。さらにPart 1のページ下に「ミニコラム」欄を新設し、見出し語として取り上げられなかった動植物、職業、家具・家電や服飾関連などの用語、活用や発音、語の使い方に注意を要する語、筆記大問1で出題される文法事項など、幅広い内容を取り上げました。また章末のTipsでは、『最短合格！英検®3級ライティング完全制覇』でもご紹介した、英作文にそのまま使える英文パターンをご紹介しています。

　見出し語句数は1,290、類義語、反意語、派生語などの関連語句を含めた総収録語句数は約1,740です。無料ダウンロード音声には、見出し語句と訳語、例文（英語）が収録されているので、音とセットで覚え、リスニング対策にも活用してください。

　皆さんが本書を使って3級合格に必要な語彙力を身につけ、合格の栄冠を手にされることを心からお祈りしています。

編者

目次

はじめに ……………………………………………………………………………… 003

本書の構成 …………………………………………………………………………… 006

音声のご利用案内 …………………………………………………………………… 008

Part 1 単 語

Unit 01 ……………… 010 Unit 06 ……………… 090

Unit 02 ……………… 026 Unit 07 ……………… 106

Unit 03 ……………… 042 Unit 08 ……………… 122

Unit 04 ……………… 058 Unit 09 ……………… 138

Unit 05 ……………… 074 Unit 10 ……………… 154

章末 Tips ライティングで使える英文パターン① ………… 170

Part 2 熟 語

Unit 11 ……………… 172 Unit 14 ……………… 202

Unit 12 ……………… 182 Unit 15 ……………… 212

Unit 13 ……………… 192

章末 Tips ライティングで使える英文パターン② ………… 222

Part 3 会 話 表 現

Unit 16 ……………… 224 Unit 17 ……………… 234

索引 …………………………………………………………………………………… 244

　本書は、皆さんが英検®3級の合格に必要な語彙力をつけることができるよう、過去15年分の過去問題を徹底的に分析して作られています。すべての情報を効果的に活用するために、構成を確認しましょう。

1　Part と Unit

全体を3つの Part に分け、さらに17の Unit に分割しています。Part 1 (Unit 01 ～ 10) に単語、Part 2 (Unit 11 ～ 15) に熟語、Part 3 (Unit 16 ～ 17) に会話表現を収録しています。

2　見出し項目

過去問データの分析に基づき、3級合格に必要な1,290語句を紹介しています。特に Part 1 と 2 の掲載順は筆記大問1における出題頻度を主な基準としています。

3　発音記号

米音を採用しています。

4　注記

語法や活用、関連語句、注意すべき複数形など、幅広い情報を紹介しています。

5　訳語

訳語は、過去問の分析で「よく出る」と判断されたものを取り上げています。また必要に応じ、類義語・反意語の情報も載せました。訳語は赤フィルターで隠すことができます。

Part1 Unit 01

00 01 clever [klévər]　形 利口な、賢い

00 02 accident [ǽksɪdənt]　名 ① 事故　② 思いがけない出来事
▶「交通事故」は traffic accident.

00 03 cross [krɔ́(ː)s]　動 ① ～を渡る、横断する　② 交差する

00 04 explain [ɪkspléɪn]　動 ～を説明する
名 explanation 説明

00 05 dirty [də́ːrti]　形 汚い、不潔な (⇔ clean)

00 06 chef [ʃéf]　名 料理人、シェフ

00 07 until [əntíl]　前 ～まで (ずっと)
接 ～するまで (ずっと)

00 08 taste [téɪst]　動 ① ～な味がする　② ～の味をみる
名 味
形 tasty おいしい

00 09 pass [pǽs]　動 ① ～を手渡す、回す　② ～に合格する　③ ～を通り過ぎる

00 10 straight [stréɪt]　副 まっすぐに
形 まっすぐな

🖉 **味覚を表す語**
「このケーキはおいしい」と言うとき、日本人は This cake is delicious. と言いがちですが、This cake tastes good. がより一般的な表現で、英検でもよく登場します。tasty という形容詞もあります。ちなみに、delicious は「とてもおいしい」という強い意味の形容詞です (p. 048 のミニコラムを参照)。ここでは味覚を表す語を見ておきましょう。(salty, sour は未出題語。)

010

アイコンの見方

〈 〉 … 他動詞の目的語、自動詞・形容詞の主語にあたる訳語であることを表します。

( ) … 訳語の補足説明／省略可能であることを表します。

[ ] … 訳語の注記／言い換え可能であることを表します。

名 … この色のアイコンは見出し項目の品詞を表します。

動 … この色のアイコンは派生語の品詞を表します。

≒ … 類義語を表します。

⇔ … 反意語を表します。

▶▶▶／ … その見出し語に関するミニコラムがページ下にあることを表します。

7

Dolphins are very **clever** animals.	イルカはとても利口な動物だ。
There was an **accident** on the highway yesterday.	昨日、幹線道路で事故があった。
Cross the street and then turn right.	通りを渡り、それから右に曲がってください。
Jim **explained** the rules of the game to me.	ジムは私にゲームのルールを説明してくれた。
The oven is very **dirty**.	そのオーブンはとても汚れている。
Claire is a **chef** at a famous restaurant.	クレアは有名レストランのシェフだ。
We're staying here **until** tomorrow.	私たちは明日までここに滞在します。
This fruit **tastes** sweet.	この果物は、甘い味がする。
Can you **pass** me the salt?	塩を取ってもらえますか。
Walk **straight** until you see a blue house.	青い家が見えるまでまっすぐ歩いてください。

8

🔊 Track 001

□ sweet [swíːt] 甘い　□ spicy [spáisi] 辛い、香辛料のきいた
□ salty [sɔ́(ː)lti] 塩辛い　□ sour [sáuər] 酸っぱい

011

---

6 派生語情報

見出し語と派生関係にある単語を取り上げています。

7 例文

すべての項目にシンプルで覚えやすい例文がついています。例文ごと覚えれば、語句の使い方も身につきます。

8 音声トラック番号

すべての見出し項目の語句とその日本語訳、全例文（Part 3 の会話表現は例文のみ）を収録しています。音で聞き、自分でも発音することで、記憶はよりしっかりと定着し、リスニング力アップにもつながります。音声の再生方法は p. 008 を参照してください。

9 ミニコラム

見出し語として取り上げていないさまざまな分野の用語、筆記大問 1 で出題される文法事項などを取り上げています。

章末 Tips

3 級のライティング問題に使えるおすすめの英文パターンを紹介しています。紹介している例文はスピーキングにも役立ちます。

本書の音声は、スマートフォン（アプリ）やパソコンを通じて MP3 形式でダウンロードし、ご利用いただくことができます。

📱 スマートフォン

1. ジャパンタイムズ出版の音声アプリ「OTO Navi」をインストール
2. OTO Navi で本書を検索
3. OTO Navi で音声をダウンロードし、再生

3秒早送り・早戻し、繰り返し再生などの便利機能つき。学習にお役立てください。

💻 パソコン

1. ブラウザからジャパンタイムズ出版のサイト「BOOK CLUB」にアクセス

https://bookclub.japantimes.co.jp/book/b636681.html

2. 「ダウンロード」ボタンをクリック
3. 音声をダウンロードし、iTunes などに取り込んで再生

※ 音声は zip ファイルを展開（解凍）してご利用ください。

Part 1

単語

単語は、以下の優先順位を基に配列されています。

① 筆記大問1で正解になった語の頻度
② 筆記大問1で誤答になった語の頻度
③ 筆記大問1の選択肢以外（主に長文読解問題やリスニング問題）で出題された語の頻度

筆記大問1の選択肢として出題された語が長文などで登場するケースも、数多くあります。

試験まで時間がなく、短時間で筆記大問1の対策をしたい場合は、Unit 01 から学習してください。時間があり、Unit 01 から始めて難しく感じた場合は、Unit 08 ～ 10 を先に学習し、そのあと Unit 01 から続けるとよいでしょう。

00 01	**clever** [klévər]	形 利口な、賢い

00 02	**accident** [ǽksɪdənt]	名 ① 事故　② 思いがけない出来事 ▶「交通事故」は traffic accident。

00 03	**cross** [krɔ́(:)s]	動 ① ~を渡る、横断する　② 交差する

00 04	**explain** [ɪkspléɪn]	動 ~を説明する 名 explanation 説明

00 05	**dirty** [də́:rti]	形 汚い、不潔な (⇔ clean)

00 06	**chef** [ʃéf]	名 料理人、シェフ

00 07	**until** [əntíl]	前 ~まで (ずっと) 接 ~するまで (ずっと)

00 08	**taste** [téɪst]　▶▶▶ ✎	動 ① ~な味がする　② ~の味をみる 名 味 形 tasty おいしい

00 09	**pass** [pǽs]	動 ① ~を手渡す、回す　② ~に合格する ③ ~を通り過ぎる

00 10	**straight** [stréɪt]	副 まっすぐに 形 まっすぐな

✎ **味覚を表す語**

「このケーキはおいしい」と言うとき、日本人は This cake is delicious. と言いがちですが、This cake tastes good. がより一般的な表現で、英検でもよく登場します。tasty という形容詞もあります。ちなみに、delicious は「とてもおいしい」という強い意味の形容詞です (p. 048 のミニコラムを参照)。ここでは味覚を表す語を見ておきましょう。(salty, sour は未出題語。)

Dolphins are very **clever** animals.	イルカはとても利口な動物だ。
There was an **accident** on the highway yesterday.	昨日、幹線道路で事故があった。
Cross the street and then turn right.	通りを渡り、それから右に曲がってください。
Jim **explained** the rules of the game to me.	ジムは私にゲームのルールを説明してくれた。
The oven is very **dirty**.	そのオーブンはとても汚れている。
Claire is a **chef** at a famous restaurant.	クレアは有名レストランのシェフだ。
We're staying here **until** tomorrow.	私たちは明日までここに滞在します。
This fruit **tastes** sweet.	この果物は、甘い味がする。
Can you **pass** me the salt?	塩を取ってもらえますか。
Walk **straight** until you see a blue house.	青い家が見えるまでまっすぐ歩いてください。

□ sweet [swíːt] 甘い   □ spicy [spáisi] 辛い、香辛料のきいた
□ salty [sɔ́(ː)lti] 塩辛い   □ sour [sáuər] 酸っぱい

00 11 **dark** [dáːrk]	形 暗い ▶ get dark で「暗くなる」という意味。
00 12 **another** [ənʌ́ðər]	形 ① もう一つの、もう一人の ② 別の ▶ an (一つの) + other (ほかの) でできた語で、後ろには単数名詞がくる。
00 13 **receive** [rɪsíːv]	動 ～を受け取る (⇔ give)
00 14 **boring** [bɔ́ːrɪŋ]	形 退屈させる、つまらない
00 15 **abroad** [əbrɔ́ːd]	副 外国へ、外国で (≒ overseas)
00 16 **without** [wɪðáʊt]	前 ～なしで
00 17 **garbage** [gáːrbɪʤ]	名 ごみ (≒ rubbish, trash)
00 18 **memory** [méməri]	名 ① 思い出 ② 記憶力 形 memorial 記念の、追悼の
00 19 **knock** [náːk] ⚠ 発音注意. ▶▶▶	動 ノックする、たたく
00 20 **continue** [kəntínjuː]	動 ① ～を続ける ② 続く (≒ last)

✎ **読まない文字**
knock の k は発音しません。know (～を知っている) の k も発音しませんね。kn というつづりを見たら、k は発音しないと思ってください。このように、読まない文字を含む、発音に注意すべき単語をいくつか見ておきましょう。右ページの下線のついているのが読まない文字です。

It **gets dark** very early in the winter.	冬は暗くなるのがとても早い。
Would you like **another** cup of coffee?	コーヒーをもう1杯いかがですか。
I **received** a letter from Nancy yesterday.	私は昨日ナンシーからの手紙を受け取った。
The show was **boring**, so I changed the channel.	その番組はつまらなかったので、私はチャンネルを変えた。
They travel **abroad** twice a year.	彼らは年に2回海外旅行をする。
I cannot read English books **without** a dictionary.	私は辞書なしで英語の本を読むことはできない。
There was a lot of **garbage** on the road.	道路にはごみがたくさんあった。
He had wonderful **memories** of his time in college.	彼には大学時代の素晴らしい思い出があった。
He **knocked** on the door three times.	彼はドアを3回ノックした。
It began to rain, but they **continued** the game.	雨が降り始めたが、彼らは試合を続けた。

00 ►
20

□ write [ráɪt] (〜を書く)　　□ climb [kláɪm] (〜に登る)　　□ island [áɪlənd] (島)
□ foreign [fɔ́ːrən] (外国の)　　□ listen [lísn] (聞く)　　　　□ often [ɔ́ːfn] (しばしば)
□ autumn [ɔ́ːtəm] (秋)

00 21	**shy** [ʃáɪ]	形 内気な 副 shyly 恥ずかしそうに

00 22	**invite** [ɪnváɪt]	動 ~を招く、招待する

00 23	**build** [bíld]	動 ① ~を建てる、建築する 　② ~を作る、組み立てる ▶ build-built-built と活用する。

00 24	**grow** [gróʊ] ▸▸▸✎	動 ① ~を育てる　② 成長する　③ 増大する ▶ grow-grew-grown と活用する。

00 25	**lend** [lénd]	動 ~を貸す（⇔ borrow） ▶ lend-lent-lent と活用する。

00 26	**silent** [sáɪlənt]	形 静かな、沈黙した

00 27	**order** [ɔ́ːrdər]	動 ① (~を) 注文する　② (~を) 命じる 名 ① 注文　② 命令

00 28	**plan** [plǽn]	名 計画、予定 動 ~を計画する

00 29	**during** [dɔ́ːrɪŋ]	前 ~の間 (ずっと)

00 30	**happen** [hǽpən]	動 起こる

✐ **不規則活用はきちんと覚える (1)**

動詞の grow (~を育てる) は語注に書いたように grow-grew-grown と不規則活用する動詞です。不規則活用する動詞は、活用形まできちんと覚えていないと、英文中に出てきたときにあせる原因になったり、ライティングで減点の対象にもなったりするので、きちんと覚えておくことが大切です。ここでは 3 級で出題されているいくつかの不規則活用動詞を見ておきましょう。

My little sister is very **shy**.	私の妹はとても内気だ。
Colin **invited** some friends to his birthday party.	コリンは数人の友人を自分の誕生日パーティーに招待した。
The university is **building** a new library.	その大学は新しい図書館を建設している。
My mother is **growing** flowers in the garden.	母は庭で花を育てている。
I **lent** some comic books to Cindy yesterday.	私は昨日シンディーに何冊か漫画を貸した。
The people at the movie theater were **silent**.	映画館にいた人々は静かだった。
He **ordered** ice cream for dessert.	彼はデザートにアイスクリームを注文した。
Do you have any **plans** for next summer?	今度の夏は何か予定がありますか。
Please don't talk **during** the show.	ショーの間は話をしないでください。
We do not know what **happened** yesterday.	昨日何が起きたのか私たちは知らない。

□ break（〜を壊す）→ break-broke-broken   □ bring（〜を持ってくる）→ bring-brought-brought
□ feel（感じる）→ feel-felt-felt   □ give（〜を与える）→ give-gave-given
□ hear（〜が聞こえる）→ hear-heard-heard   □ know（〜を知っている）→ know-knew-known
□ make（〜を作る）→ make-made-made

00 31	**angry** [ǽŋgri]	形 怒った

00 32	**follow** [fá:loʊ]	動 ① ~に従う ② ~のあとをついていく 形 following 次の、続く

00 33	**meet** [mí:t]	動 ① ~に出会う、~と知り合いになる ② ~を出迎える ▶ meet-met-met と活用する。

00 34	**believe** [bɪlí:v]	動 ~を信じる ▶ believe (that) ...で「…ということを信じる」という意味。

00 35	**full** [fúl]	形 ① いっぱいの、満員の ② 満腹の

00 36	**culture** [kʌ́ltʃər]	名 文化 ▶「文明」は civilization。 形 cultural 文化の

00 37	**raise** [réɪz]	動 ① ~を上げる、持ち上げる (⇔lower) ② 〈資金など〉を集める ③ ~を育てる (≒grow, bring up)

00 38	**anything** [éniθìŋ]	代 ① [疑問文で] 何か ② [否定文で] 何も ▶ 形容詞がつくときは anything の後ろにつく。

00 39	**hurt** [hə́:rt]	動 ① ~を傷つける ② 痛む ▶ hurt-hurt-hurt と活用する。get hurt (けがをする) という表現も覚えておこう。

00 40	**change** [tʃéɪndʒ]	動 ① 〈乗り物〉を乗り換える ② ~を変える、変化させる 名 ① 変化 ② つり銭

✎ **文法問題を攻略する (1)**
次の予想問題を解いてみましょう。
English and French are (　　) in Canada.
1 speak　　2 spoke　　3 spoken　　4 speaking

She got **angry** when she heard the news.	彼女はその知らせを聞くと怒った。
You should **follow** your parents' advice.	あなたはご両親の忠告に従うべきだ。
George and his wife **met** in high school.	ジョージと彼の妻は高校で知り合った。
I cannot **believe that** the summer vacation will end tomorrow.	夏休みが明日で終わるなんて信じられない。
The movie theater was **full**.	映画館は満員だった。
Victoria is interested in Thai **culture**.	ビクトリアはタイの文化に興味がある。
The student **raised** his hand.	その生徒は手を挙げた。
Are you doing **anything** special for summer vacation?	夏休みには何か特別なことをしますか。
Ryan **hurt** his right hand when he fell.	ライアンは転んで右手を傷めた。
We need to **change** trains at the next station.	私たちは次の駅で電車を乗り換えなければならない。

問題文には are という be 動詞があるので、空欄に speak や spoke は入りません。speaking を入れると are speaking（話している）となり、「英語とフランス語が話している」という奇妙な文になってしまいます。正解は過去分詞の 3 spoken。〈be 動詞＋過去分詞〉で「～される」という受け身を表します。「カナダでは英語とフランス語が話されている。」

| 00
41 | **while**
[wáɪl] | 接 ① …する間 ② …する一方で |

| 00
42 | **sign**
[sáɪn] | 名 看板、標識
動 ~に署名する |

| 00
43 | **exchange**
[ɪkstʃéɪndʒ] | 動 ① ~を交換する ② ~をやりとりする
名 交換 (品)
► exchange student は「交換留学生」という意味。 |

| 00
44 | **correct**
[kərékt] | 形 正しい (⇔incorrect)
動 〈誤りなど〉を訂正する
副 correctly 正確に
名 correction 訂正 |

| 00
45 | **meaning**
[míːnɪŋ] | 名 意味
動 mean ~を意味する |

| 00
46 | **enough**
[ɪnʌ́f] | 形 十分な
副 十分に、必要なだけ
► 副詞では、形容詞を修飾するとき、後ろから修飾する。 |

| 00
47 | **finally**
[fáɪnəli] | 副 ついに、やっと (≒at last)
形 final 最後の |

| 00
48 | **coach**
[kóʊtʃ] | 名 コーチ |

| 00
49 | **design**
[dɪzáɪn] | 動 ~をデザインする
名 デザイン |

| 00
50 | **such**
[sʌ́tʃ]
▶▶▶ ✎ | 形 ① そんなに~ ② そのような |

✎ **such の語順**
such は形容詞ですが使い方が少し変わっています。ふつう形容詞は a beautiful flower (美しい花) の beautiful のように、冠詞の a(n) と名詞の間に置かれますが、such は such a problem (そのような問題)、such a beautiful flower (そんなに美しい花) のように、a(n) の前に置かれるのです。

I read a magazine **while** I waited.	私は待つ間雑誌を読んだ。
Information about the park is written on this **sign**.	この看板には公園に関する情報が書かれている。
I'd like to **exchange** this sweater for a bigger one.	このセーターをもっと大きいサイズと交換したいのですが。
Ms. Smith told her students the **correct** answer to the question.	スミス先生は生徒たちに問題の正解を言った。
No students knew the **meaning** of the word.	生徒はだれもその言葉の意味を知らなかった。
I do not have **enough** money for a new computer.	私には新しいコンピュータを買うための十分なお金がない。
Finally, she put a cherry on top of the cake.	最後に、彼女はケーキの上にサクランボをのせた。
Jane is a basketball **coach** at two schools.	ジェーンは2つの学校でバスケットボールのコーチをしている。
Fred **designed** a very interesting T-shirt.	フレッドはとても面白いTシャツをデザインした。
I have never seen **such** a beautiful view.	私はこれまでこんなに美しい景色を見たことがない。

Don't say such a thing.（そんなことは言わないで）
I have never met such a kind person.（そんなに親切な人には会ったことがない）

00 51	**laugh** [lǽf] ⚠ 発音注意。	動 笑う

00 52	**tight** [táɪt]	形 ①〈服などが〉きつい (⇔loose) ②〈スケジュール・予算などが〉余裕のない

00 53	**age** [éɪʤ]	名 年齢

00 54	**among** [əmʌ́ŋ]	前 ~の間で ▶「不特定多数の人やものの集合の中で」という意味。

00 55	**difference** [dífərəns]	名 違い ▶ difference between A and B で「AとBとの違い」 という意味。 形 different さまざまな;違う、別の

00 56	**already** [ɔːlrédi]	副 [肯定文で] すでに、もう

00 57	**information** [ìnfərméɪʃən]	名 情報 ▶ 数えられない名詞。 動 inform ~に知らせる

00 58	**professional** [prəféʃənl]	形 プロの (⇔amateur)

00 59	**die** [dáɪ]	動〈人・動物が〉死ぬ、〈植物が〉枯れる 形 dead 死んだ 名 death 死

00 60	**volunteer** [vàːləntíər] ⚠ アクセント注意。 ▶▶▶🖉	名 ボランティア 動 ボランティア活動を行う ▶ volunteer work (ボランティアの仕事) のような形容詞 の使い方もある。

🖉 **アクセントを正しく覚える**

volunteer のアクセントは teer のところにあります。カタカナ語に引きずられて lun のところを強く読まない
ように気をつけましょう。アクセントの位置を間違えて覚えてしまうと、特にリスニングでは知らない語に聞こ
えてしまうので危険です。ここではアクセント要注意語をいくつか取り上げます。

Janet **laughed** when she heard my story.	ジャネットは私の話を聞くと笑った。
These hiking shoes are **tight** for me.	このハイキングシューズは私にはきつい。
She started playing the violin at the **age** of five.	彼女は5歳のときにバイオリンを弾き始めた。
The artist is really popular **among** young women.	そのアーティストは若い女性の間で非常に人気がある。
There is no **difference between** these cameras.	これらのカメラの間に違いはない。
Trevor has **already** finished his homework.	トレバーはもう宿題を終えた。
This book has a lot of **information** about the United States.	この本にはアメリカの情報がたくさん載っている。
He wants to be a **professional** chef in the future.	彼は将来プロの料理人になりたいと思っている。
Our cat **died** last week.	先週、うちのネコが死んだ。
He works as a **volunteer** at a local library.	彼は地元の図書館でボランティアとして働いている。

□ calendar [kǽləndər] カレンダー
□ orchestra [ɔ́ːrkəstrə] オーケストラ
□ advice [ədváɪs] 助言、アドバイス
□ kangaroo [kæ̀ŋgərúː] カンガルー
□ amateur [ǽmətʃ ùər] アマチュアの
□ elevator [éləvèɪtər] エレベーター
□ event [ɪvént] 出来事、イベント

00 61 **perform** [pərfɔ́ːrm]	**動** ① 〈~を〉演じる、演奏する ② 〈仕事など〉を行う **名** performance 演技、演奏；成績
00 62 **aquarium** [əkwéəriəm]	**名** 水族館
00 63 **wet** [wét]	**形** ぬれた (⇔dry)
00 64 **recipe** [résəpi]	**名** レシピ、料理法 ▶ つづりに注意しよう。
00 65 **mirror** [mírər] ▶▶▶ ✎	**名** 鏡
00 66 **relax** [rɪlǽks]	**動** ① くつろぐ、リラックスする ② ~をくつろがせる **形** relaxing くつろがせる
00 67 **advice** [ədváɪs] ⚠ アクセント注意。	**名** 助言、アドバイス ▶ 数えられない名詞。 **動** advise ~にアドバイスする
00 68 **elevator** [éləvèɪtər] ⚠ アクセント注意。	**名** エレベーター
00 69 **excellent** [éksələnt]	**形** 素晴らしい
00 70 **interview** [íntərvjùː]	**名** ① インタビュー ② 面接 **動** ~にインタビューする

✎ **日用品を表す語**
3級では、学校や商店などのほか、日常生活の場面も非常によく登場します。ここでは3級に出題される、日用品を表す語をまとめて見ておきましょう。

My band will **perform** at the music festival this Saturday.	私のバンドは今度の土曜日に音楽祭で演奏する。
Let's go to the **aquarium** this weekend.	今週末、水族館に行こう。
Ben's shoes are **wet** because it is raining.	雨が降っているので、ベンの靴はぬれている。
Carrie learned a new cookie **recipe**.	キャリーは新しいクッキーのレシピを学んだ。
Harry is looking in the **mirror**.	ハリーは鏡を見ている。
Relaxing in the bath is good for your health.	風呂でくつろぐのは健康によい。
Naomi's uncle gave her **advice** about her future.	おじはナオミに将来のことについてアドバイスをしてくれた。
Only four people can ride this **elevator**.	このエレベーターには4人しか乗れない。
The steak at that restaurant is **excellent**, isn't it?	あのレストランのステーキは素晴らしいよね？
This show always has **interviews** with famous actors.	この番組ではいつも有名な俳優にインタビューを行う。

00 ▶ 70

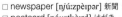

□ newspaper [njúːzpèɪpər] 新聞
□ postcard [póʊstkàːrd] はがき
□ alarm clock [əlάːr klàːk] 目覚まし時計
□ umbrella [ʌmbrélə] 傘

□ magazine [mǽgəzìːn] 雑誌
□ pillow [píloʊ] まくら
□ candle [kǽndl] ろうそく

023

00 71	**fan** [fǽn]	名 ① 扇風機、うちわ ② 愛好者、ファン
00 72	**carefully** [kéərfəli]	副 注意深く、慎重に 形 careful 注意深い
00 73	**peaceful** [píːsfl]	形 静かな、落ち着いた ► peace（平和）+ -ful（満ちた）でできた語。
00 74	**fitting room** [fítɪŋ rùːm]	名 試着室
00 75	**clearly** [klíərli]	副 はっきりと 形 clear 澄んだ、きれいな
00 76	**drugstore** [drʌ́gstɔ̀ːr]	名 薬局
00 77	**sentence** [séntns]	名 文
00 78	**boil** [bɔ́ɪl]	動 ① ～を煮る、ゆでる ② ～を沸騰させる；沸騰する
00 79	**oversleep** [òʊvərslíːp]	動 寝過ごす、寝坊する ► oversleep-overslept-overslept と活用する。
00 80	**apron** [éɪprən] ⚠ 発音注意。 ▸▸▸✎	名 エプロン

✎ **キッチン関連の語**
apron は「エプロン」という意味ですが、カタカナ語になっているので覚えるのは簡単でしょう。ただし発音は [エプロン] とは異なります。リスニングなどでパニックの原因になるので、MP3 音声を聞いて正しい発音を覚えておきましょう。ここでは 3 級で出題されているキッチン関連の語を見ておきましょう。

I use this **fan** in the summer.	私は夏にはこの扇風機を使う。
It was snowing, so Ted drove his car very **carefully**.	雪が降っていたので、テッドはとても慎重に車を運転した。
They spent their holiday in a **peaceful** town by the coast.	彼らは海岸近くの静かな町で休暇を過ごした。
You can use the **fitting room** over there.	あちらの試着室をご利用いただけます。
It is hard to see the stars **clearly** in a city.	都会で星をはっきりと見るのは難しい。
Jeff bought some cold medicine at the **drugstore**.	ジェフは薬局で風邪薬を買った。
There are a lot of beautiful **sentences** in this novel.	この小説の中には美しい文がたくさんある。
Boil the carrots for 10 minutes.	ニンジンを10分ゆでてください。
Nancy **overslept** and missed the bus.	ナンシーは寝坊してバスに乗り遅れた。
Kyle's mother made him a new **apron**.	母親はカイルに新しいエプロンを作った。

□ pot [pɑ́:t] 深なべ、ポット　　□ bowl [bóʊl] ボウル
□ pan [pǽn] フライパン　　□ knife [náɪf] ナイフ、包丁
□ chopsticks [tʃɑ́:pstìks] はし　　□ plate [pléɪt] 皿
□ can [kǽn] 缶

025

00 81	**fit** [fít]	動 (大きさ・形が) ~に合う ▶ fit-fit-fit と活用する。
00 82	**solar** [sóulər]	形 太陽の
00 83	**below** [bɪlóu]	前 ~の下に、~より下に (⇔above) 副 下に、下方に
00 84	**judge** [ʤʌ́ʤ]	名 審査員、審判 動 ~の審査をする
00 85	**peel** [píːl]	動 ~の皮をむく
00 86	**scissors** [sízərz] ⚠ 発音注意。	名 はさみ ▶ つづりにも注意。
00 87	**contact** [ká:ntækt]	動 ~に連絡する 名 連絡、接触 ▶ contact to ~ とは言わない。
00 88	**turn** [tə́:rn]	動 ① 曲がる ② ~歳になる 名 順番
00 89	**keep** [kíːp]	動 ① ~を持ち続ける、保管する 　② ~を飼う、養う ▶ keep-kept-kept と活用する。
00 90	**since** [síns] ▶▶▶✎	接 …して以来 前 ~以来

✎ **接続詞と前置詞**
since は「~以来、~から」という意味の語で、過去から現在へと至る状態や行為を表す「現在完了」時制と共に使われます。接続詞の使い方と前置詞の使い方があります。接続詞の場合は後ろに節 (〈主語＋動詞〉を含むカタマリ)、前置詞の場合は後ろに名詞 (句) がきます。右ページで使い方を確認してください。

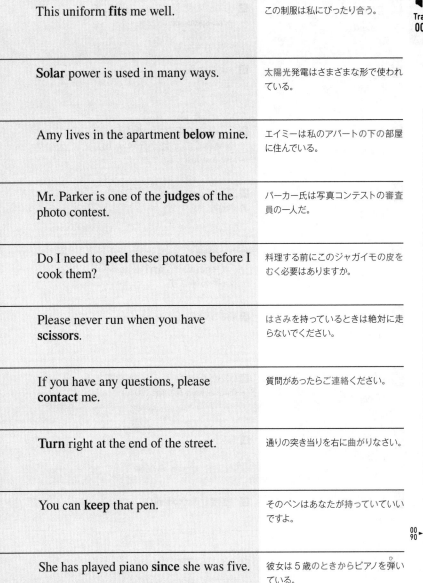

This uniform **fits** me well.	この制服は私にぴったり合う。
Solar power is used in many ways.	太陽光発電はさまざまな形で使われている。
Amy lives in the apartment **below** mine.	エイミーは私のアパートの下の部屋に住んでいる。
Mr. Parker is one of the **judges** of the photo contest.	パーカー氏は写真コンテストの審査員の一人だ。
Do I need to **peel** these potatoes before I cook them?	料理する前にこのジャガイモの皮をむく必要はありますか。
Please never run when you have **scissors**.	はさみを持っているときは絶対に走らないでください。
If you have any questions, please **contact** me.	質問があったらご連絡ください。
Turn right at the end of the street.	通りの突き当りを右に曲がりなさい。
You can **keep** that pen.	そのペンはあなたが持っていていいですよ。
She has played piano **since** she was five.	彼女は5歳のときからピアノを弾いている。

She has lived here **since** she was a child. (彼女は子どものときから、ここに住んでいる)
＊後ろが節なので、接続詞の使い方
She has worked here **since** February. (彼女は2月からここで働いている)
＊後ろが名詞なので、前置詞の使い方

027

00 91 spend [spénd]	動 ① 〈金〉を使う ② 〈時〉を過ごす ► spend-spent-spent と活用する。
00 92 join [dʒɔ́ɪn]	動 ~に加わる
00 93 lose [lúːz] ⚠ 発音注意。	動 ① ~をなくす (⇔find) ② 〈試合など〉に負ける (⇔win) ► lose-lost-lost と活用する。
00 94 deep [díːp]	形 深い 副 deeply 深く
00 95 reach [ríːtʃ]	動 ① ~に届く、到着する (≒get to ~, arrive at ~) ② 手を伸ばす
00 96 future [fjúːtʃər]	名 将来、未来 (⇔past)
00 97 share [ʃéər]	動 ① ~を分け合う ② ~を共有する ► share A with B の項目 (0916) も参照。
00 98 still [stíl]	副 まだ
00 99 borrow [bάːroʊ] ▸▸▸ 🖉	動 ~を借りる (⇔lend)
01 00 glad [glǽd]	形 うれしい

🖉 **borrow は「(無料で) 借りる」**
borrow は「~を借りる」という意味の動詞ですが、特に「(無料で) 借りる」という意味で使います。反対語は lend (~を貸す) です。「(有料で) 借りる」と言うときは rent という動詞を使います。他人の家でトイレや (固定) 電話を借りる場合は、「使わせてもらう」という意味で use を使います。

I **spend** more than 50 dollars on books every month.	私は毎月、本に 50 ドル以上使う。
Jane **joined** the volleyball team at school.	ジェーンは学校でバレーボールチームに入った。
She **lost** her train ticket.	彼女は電車の切符をなくした。
This river is not very **deep**.	この川はあまり深くない。
What time does this train **reach** Osaka station?	この電車は大阪駅に何時に着きますか。
Do you have any dreams for the **future**?	何か将来の夢はありますか。
Let's **share** this pizza.	このピザを一緒に食べよう。
My brother is **still** a little kid.	弟はまだほんの小さな子どもだ。
I **borrowed** some books from the library.	図書館で何冊か本を借りた。
I'm **glad** you like my present.	私のプレゼントを気に入ってもらえてうれしいです。

She **rents** an apartment for 60,000 yen a month. （彼女は月 6 万円でアパートを借りている）
Can I **use** your phone? （電話を借りてもいいですか）

01 01	**pick** [pík]	動 ① ~を摘む ② ~を選ぶ
01 02	**bright** [bráɪt]	形 ① 明るい (⇔dark) ② 輝いている 副 brightly 明るく
01 03	**secret** [síːkrət]	名 秘密 形 秘密の 副 secretly こっそり
01 04	**expensive** [ɪkspénsɪv]	形 高価な (⇔cheap, inexpensive) 名 expense 費用
01 05	**surprised** [sərpráɪzd] ▶▶▶✎	形 驚いた
01 06	**exciting** [ɪksáɪtɪŋ]	形 興奮させるような、エキサイティングな
01 07	**nervous** [nə́ːrvəs]	形 緊張した
01 08	**either** [íːðər]	副 [否定文で] ~もまた 形 どちらか一方の
01 09	**stamp** [stǽmp]	名 切手
01 10	**behind** [bɪháɪnd]	前 ~の後ろに

✎ **感情を表す語**
　surprised（驚いた）は動詞 surprise の過去分詞が形容詞化したものです。英語の surprise は「~を驚かせる」という意味で、「驚く」ではありません。なので、「私は驚いた」は I was surprised.（=私は驚かされた）と言わなければなりません。逆に surprising は「驚かせるような」→「驚くべき」という意味になります。「ing 形？ ed 形？」と混乱しないようにしましょう。ここでは注意すべき感情を表す語を見ておきましょう。

Don't **pick** the strawberries in this garden.	この菜園のイチゴを摘まないでください。
I could not see him because the sun was so **bright**.	太陽がまぶしくて、彼を見ることができなかった。
Don't tell anybody. This is a **secret**.	だれにも言わないでね。これは秘密よ。
The concert tickets were quite **expensive**.	そのコンサートのチケットはかなり高かった。
She is **surprised** that she passed the test.	彼女はテストに合格して驚いている。
The movie that I watched yesterday was **exciting**.	昨日見た映画はとても面白かった。
I was very **nervous** before the speech.	私はスピーチの前、とても緊張していた。
This class is not easy, and it's not fun, **either**.	この授業は簡単ではないし、面白くもない。
Greg collects **stamps** from all over the world.	グレッグは世界中の切手を集めている。
Beth always sits **behind** the bus driver.	ベスはいつもバスの運転手の後ろに座る。

That book was boring.（その本は退屈だった）↔ I was bored.（私は退屈した）
The game was exciting.（その試合はわくわくするものだった）↔ I was excited.（私はわくわくした）
This music is relaxing.（この音楽はリラックスさせてくれる）↔ I was relaxed.（私はリラックスした）

031

01 11	**serve** [sə́:rv]	動 ① 〈飲食物〉を出す ② ~に仕える 名 service サービス、事業
01 12	**symbol** [símbəl]	名 象徴、シンボル 形 symbolic 象徴的な
01 13	**smell** [smél]	名 におい、香り 動 ① においがする ② ~のにおいをかぐ
01 14	**capital** [kǽpətl]	名 ① 首都 ② 資本
01 15	**real** [rí:(j)əl]	形 本当の、本物の 副 really 本当に
01 16	**prize** [práɪz]	名 賞、賞金
01 17	**return** [rɪtə́:rn]	動 ① ~を返す ② 帰る
01 18	**dangerous** [déɪndʒərəs]	形 危険な (⇔safe) 名 danger 危険
01 19	**across** [əkrɔ́(:)s]	前 ① ~を横切って、渡って ② ~の向こう側に ▶ across from ~ (~の真向かいに) という表現も覚えておこう。
01 20	**mistake** [məstéɪk]	名 間違い、誤り ▶ make a mistake の項目 (0828)、by mistake の項目 (1148) も参照。

✐ **文法問題を攻略する (2)**
次の予想問題を解いてみましょう。
Andrew moved to a new house last month. It is (　　　) bigger than the old one.
1 many　2 much　3 very　4 more

The restaurant **serves** Spanish food.	そのレストランではスペイン料理を出す。
This heart is a **symbol** of love.	このハートは愛のシンボルだ。
Nick likes the **smell** of coffee very much.	ニックはコーヒーの香りが大好きだ。
Tokyo is the **capital** of Japan.	東京は日本の首都だ。
The diamond in this ring is **real**.	この指輪のダイヤは本物だ。
She won a special **prize** in the photo contest.	彼女は写真コンテストで特別賞を受賞した。
Please **return** the books to the library soon.	早急に図書館に本を返してください。
It is **dangerous** to swim in that river.	その川で泳ぐのは危険だ。
She walked **across** the street.	彼女は通りを歩いて渡った。
I checked my report for spelling **mistakes**.	私はレポートにつづりの誤りがないか調べた。

bigger than（〜より大きい）とあるので、比較級の文です。ふつう、「とても大きい」のように形容詞を強調する場合には very を使いますが、比較級や最上級を強調する場合は much を使うということを覚えておいてください。正解は 2 です。「アンドリューは先月新しい家に引っ越した。それは古い家よりもずっと大きい。」

01 21	**touch** [tʌ́tʃ]	動 ~に触れる、触る 名 接触
01 22	**tourist** [túərɪst]	名 観光客
01 23	**special** [spéʃəl]	形 特別な 名 特別料理、おすすめメニュー
01 24	**win** [wín]	動 ① 〈試合など〉に勝つ (⇔lose) ② 〈賞・勝利など〉を勝ち取る ► win-won-won と活用する。
01 25	**never** [névər] ►►►🖉	副 ① 決して~ない ② 一度も~ない
01 26	**floor** [flɔ́ːr]	名 ① 階、フロア ② 床
01 27	**choose** [tʃúːz]	動 (~を) 選ぶ ► choose-chose-chosen と活用する。
01 28	**carry** [kǽri]	動 ① ~を運ぶ ② ~を持ち歩く、携行する
01 29	**schedule** [skédʒuːl] ⚠ アクセント注意。	名 スケジュール、予定
01 30	**alone** [əlóun]	副 一人で

🖉 **頻度を表す語**

「物事がどのくらい頻繁に起こるか、行われるか」を「頻度」と言います。never (決して~ない、一度も~ない) というのも頻度を表す語の1つです。頻度を表す語は、目安として「一般動詞の前、be 動詞の後ろに置かれる」と覚えておくと、作文のときなどに悩まなくてよいかもしれません。3級までで登場する「頻度を表す語」を頻度順に並べておきましょう。

Don't **touch** the books with wet hands.	ぬれた手で本に触らないでください。
Many **tourists** visit the beautiful island every year.	毎年、多くの観光客がその美しい島を訪れる。
The store is having a **special** sale right now.	その店では今、特別セールをしている。
He **won** the tennis match.	彼はテニスの試合に勝った。
You should **never** stop learning.	あなたは決して学ぶことをやめるべきではない。
Our office is on the sixth **floor** of that building.	私たちのオフィスはあのビルの6階にある。
You can **choose** from coffee, tea, and juice.	コーヒー、紅茶、ジュースの中からお選びいただけます。
The old man was **carrying** a heavy bag.	その老人は重いかばんを運んでいた。
I'm afraid my **schedule** is full next week.	すみませんが、来週は予定がいっぱいです。
Nelson walks to school **alone** every day.	ネルソンは毎日一人で歩いて通学している。

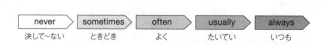

never → sometimes → often → usually → always
決して〜ない　ときどき　よく　たいてい　いつも

	形 うるさい、大声の；(音量が) 大きい (⇔quiet)
01 31 loud [láʊd]	副 loudly 騒々しく、大声で

	前 ～のそばに
01 32 beside [bɪsàɪd]	▶ 副詞の besides (そのうえ) と混同しないようにしよう。

	名 世紀
01 33 century [séntʃəri]	▶ century の cent は「100」を意味している。

	名 地図
01 34 map [mǽp] ▶▶▶✐	

	動 ① 作動する、動く ② 役に立つ 名 作品
01 35 work [wɔ́ːrk]	▶ work は「働く」以外に上のような意味でも出題されるので覚えておこう。

	動 ～を買う
01 36 buy [báɪ]	▶ buy-bought-bought と活用する。

	動 泣く
01 37 cry [kráɪ]	

	形 ① 安全な (⇔dangerous) ② 無事の 名 safety 安全
01 38 safe [séɪf]	

	名 ① 側、側面 ② わき
01 39 side [sáɪd]	

	名 健康 形 healthy 健康な、健康的な
01 40 health [hélθ]	

✐ **旅行関連の語**
3 級では、道を聞かれて「地図を描いて」(draw a map) あげる場面が何度か出題されています。「旅行」も3級ではよく登場するシチュエーションです。ここでは3級で出題された旅行関連の語を見ておきましょう。

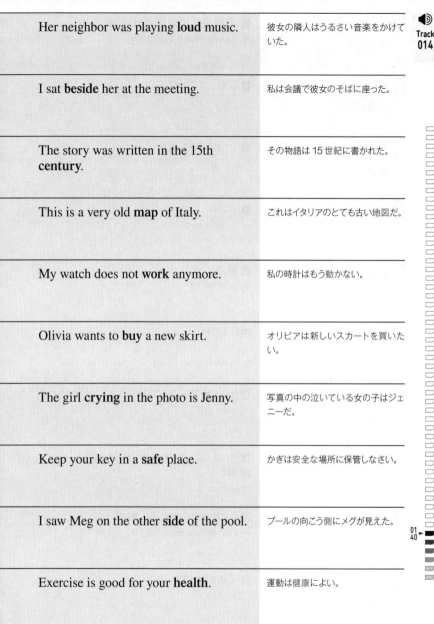

Track 014

Her neighbor was playing **loud** music.	彼女の隣人はうるさい音楽をかけていた。
I sat **beside** her at the meeting.	私は会議で彼女のそばに座った。
The story was written in the 15th **century**.	その物語は15世紀に書かれた。
This is a very old **map** of Italy.	これはイタリアのとても古い地図だ。
My watch does not **work** anymore.	私の時計はもう動かない。
Olivia wants to **buy** a new skirt.	オリビアは新しいスカートを買いたい。
The girl **crying** in the photo is Jenny.	写真の中の泣いている女の子はジェニーだ。
Keep your key in a **safe** place.	かぎは安全な場所に保管しなさい。
I saw Meg on the other **side** of the pool.	プールの向こう側にメグが見えた。
Exercise is good for your **health**.	運動は健康によい。

01 / 40

□ sightseeing [sáɪtsìːŋ] 観光　　　□ tourist [túərɪst] 観光客
□ suitcase [súːtkèɪs] スーツケース　　□ passport [pǽspɔ̀ːrt] パスポート
□ guidebook [gáɪdbùk] ガイドブック　　□ front desk [frʌ́nt désk] (ホテルの) フロント
□ souvenir [sùːvəníər] (旅などの) 思い出の品、記念品

037

01 41	**collection** [kəlékʃən]	名 ① 収蔵品、コレクション　② 収集 動 collect ～を集める、収集する
01 42	**block** [blɑ́:k]	名 区画、ブロック
01 43	**forever** [fərévər]	副 いつまでも、永遠に
01 44	**towel** [táʊəl]	名 タオル
01 45	**quietly** [kwáɪətli]	副 静かに 形 quiet 静かな
01 46	**brush** [brʌ́ʃ]	動 ～をみがく
01 47	**repeat** [rɪpíːt]	動 ① (～を) 繰り返して言う　② (～を) 繰り返す
01 48	**hard** [hɑ́:rd]	副 ① 熱心に、一生懸命　② 激しく 形 難しい
01 49	**wear** [wéər] ▶▶▶	動 ～を身につけている、着ている ▶ wear-wore-worn と活用する。
01 50	**instead** [ɪnstéd]	副 その代わりに

---

wear と put on

wear は「～を身につけている、着ている」という意味の動詞。衣服だけでなく、帽子やメガネ、靴下、靴などにも使うことができます。覚えておきたいのは put on (～を身につける、着る) との違いです。wear は身につけている「状態」を表すのに対し、put on は身につける「動作」を表します。

The museum has a **collection** of about 1,000 paintings.	その美術館は約1,000点の絵画のコレクションを所蔵している。
I live a few **blocks** from here.	私はここから数ブロックのところに住んでいる。
Risa wanted to stay at the amusement park **forever**.	リサはその遊園地にずっといたかった。
This **towel** is wet.	このタオルはぬれている。
She read a book **quietly** at the library.	彼女は図書館で静かに本を読んだ。
The boy's mother taught him how to **brush** his teeth.	少年の母親は彼に歯のみがき方を教えた。
I'm sorry, could you **repeat** that?	すみませんが、もう一度言っていただけますか。
I'll need to study **hard** to pass the test.	そのテストに合格するには一生懸命勉強する必要があるだろう。
Walter **wears** his favorite sweater every day.	ウォルターはお気に入りのセーターを毎日着ている。
I'm busy next Saturday. How about Sunday, **instead**?	今度の土曜日は忙しいんです。代わりに日曜日はどうですか。

put on

wear

01 51	**fine** [fáɪn]	形 ① 結構な、構わない ② 元気な 副 うまく
01 52	**understand** [ʌ̀ndərstǽnd]	動 ~を理解する、~がわかる ► understand-understood-understood と活用する。
01 53	**key** [kíː]	名 かぎ
01 54	**wallet** [wάːlət]	名 財布、札入れ
01 55	**bake** [béɪk]	動 〈パン・ケーキなど〉を焼く ► 特にオーブンで「焼く」場合に使う。 名 bakery 製パン店
01 56	**true** [trúː]	形 本当の 名 truth 真実
01 57	**project** [prάːʤekt] ▸▸▸✐	名 ① (学校の) 学習課題 ② 計画、プロジェクト
01 58	**quickly** [kwíkli]	副 急速に、急いで 形 quick 素早い
01 59	**healthy** [hélθi]	形 健康な、健康的な、健康によい 名 health 健康
01 60	**probably** [prάːbəbli]	副 おそらく、たぶん

✐ **学校関連の語**

project は「プロジェクト」というカタカナ語があるため、「プロジェクト、計画」という意味を覚えている人は多いですが、3 級では「(学校で課される) 研究課題」という意味でも頻出しており、この意味も覚えておく必要があります。ここでは 3 級で登場する学校関連の語を見ておきましょう。

Friday is **fine** with me.	私は金曜日で大丈夫です。
I cannot **understand** why he said that.	私はなぜ彼がそう言ったのか理解できない。
Henry lost his **keys** at the park.	ヘンリーは公園でかぎをなくした。
My father left his **wallet** at his office today.	父は今日、会社に財布を置き忘れた。
She **baked** a chocolate cake for dessert.	彼女はデザートにチョコレートケーキを焼いた。
I think that his story is **true**.	彼の話は本当だと思います。
She got a good grade on her science **project**.	彼女は理科の研究課題でよい成績を取った。
We need to walk **quickly**, or we'll miss the train.	私たちは急いで歩かなければならない。さもないと電車に乗り遅れてしまう。
You should try to eat **healthy** food.	あなたは健康によい食べ物を食べるようにするべきだ。
It will **probably** not rain this weekend.	おそらく今週末は雨が降らないだろう。

01 ► 60

□ textbook [tékstbùk] 教科書
□ cafeteria [kæfətíəriə] カフェテリア
□ club activity [klʌb æktívəti] 部活動
□ elementary school [èləméntəri skù:l] 小学校
□ playground [pléɪgràʊnd] 運動場
□ student ID card [st(j)ù:dnt áɪdí: kɑ̀:rd] 学生証
□ school trip [skú:l tríp] 遠足、修学旅行

041

01 61	**cool** [kú:l]	形 涼しい
01 62	**address** [ədrés]	名 住所、アドレス
01 63	**celebrate** [séləbrèit]	動 ① ～を祝う ② 〈祝典〉を挙行する 名 celebration 祝典
01 64	**flight** [fláit]	名 飛行機の便、空の旅
01 65	**performance** [pərfɔ́:rməns]	名 ① 演奏、演技 ② 成績 動 perform （～を）演じる、演奏する；〈仕事など〉を行う
01 66	**exercise** [éksərsàiz]	名 ① 運動 ② 練習（≒practice） 動 運動する
01 67	**farmer** [fá:rmər]	名 農場主、農家 名 farm 農場、農園
01 68	**recycle** [rì:sáikl]	動 ～を再生利用する、リサイクルする 名 recycling 再生利用、リサイクル
01 69	**few** [fjú:] ▸▸▸⬭	形 ほとんど～ない
01 70	**entrance** [éntrəns]	名 ① 入り口（⇔exit） ② 入ること 動 enter ～に入る

⬭ **few と a few ／ little と a little**
few は単独で「（数えられるものが）ほとんど～ない」という意味を表します。a がついて a few となると「（数えられるものが）少しある」という意味を表します。数えられないものについて言う場合は little と a little を使います。多いか少ないかは話者の主観です。1 万円持っていても「ほとんどない」と感じる人もいれば、100円持っていても「少しはある」と感じる人もいます。

It's hot during the day, but it's **cool** at night.	日中は暑いが、夜は涼しい。
I do not know his e-mail **address**.	私は彼のメールアドレスを知らない。
How are you going to **celebrate** your birthday?	あなたの誕生日はどうやってお祝いするのですか。
My **flight** to Berlin was canceled.	私の乗るベルリン行きの便は欠航になった。
There were many music **performances** at the festival.	そのフェスティバルでは多くの音楽演奏が行われた。
I try to get some **exercise** every day.	私は毎日運動するように心がけている。
The **farmer** grows many kinds of vegetables.	その農場主は多くの種類の野菜を育てている。
Old paper is **recycled** into new paper.	古紙はリサイクルされて新しい紙になる。
Few students can pass this test.	このテストに合格できる生徒はほとんどいない。
Let's meet at the **entrance** of the theater.	劇場の入り口で会いましょう。

Marie has **few** friends.（マリーにはほとんど友だちがいない）
Marie has **a few** friends.（マリーには数人の友だちがいる）
John has **little** money.（ジョンはほとんどお金がない）
John has **a little** money.（ジョンは少しはお金がある）

01 71	**wrap** [rǽp]	動 ~を包む、~に巻きつける ▶ 食品用の「ラップ」はふつう plastic wrap と言う。
01 72	**tradition** [trədíʃən]	名 伝統、慣習 形 traditional 伝統的な
01 73	**burn** [bə́ːrn]	動 ① 燃える；~を燃やす ② ~を焦がす
01 74	**novel** [nάːvl]	名 小説
01 75	**activity** [æktívəti]	名 活動、行動 形 active 活動的な
01 76	**shake** [ʃéɪk]	動 ① 震える、振動する ② ~を振る、揺らす ▶ shake-shook-shaken と活用する。
01 77	**journalist** [dʒə́ːrnəlɪst]	名 ジャーナリスト
01 78	**curtain** [kə́ːrtn] ▶▶▶✐	名 カーテン
01 79	**count** [káʊnt]	動 ~を数える、計算する ▶「~するもの」を意味する -er がついたのが counter (カウンター)。
01 80	**channel** [tʃǽnl]	名 (テレビ・ラジオなどの) チャンネル、局

✐ **家・家具を表す語**

curtain は「カーテン」。つづりを間違えやすいので注意が必要です。open [close] the curtain (カーテンを開ける [閉める])、draw the curtain (カーテンを引く) といった表現も覚えておきましょう。ここでは家・家具などを表す語を見ておきましょう。

My mother taught me how to **wrap** presents.	母は私にプレゼントの包み方を教えてくれた。
It is our **tradition** to visit shrines on New Year's day.	元日に神社を訪れるのが私たちの伝統だ。
It is dangerous to **burn** anything here.	ここでものを燃やすのは危険だ。
This **novel** is very popular among teenagers.	この小説は十代の若者の間でとても人気がある。
A lot of young people took part in the volunteer **activities**.	多くの若者がそのボランティア活動に参加した。
The house **shook** because of the earthquake.	地震で家が揺れた。
The newspaper sent some **journalists** to the country.	新聞社は何人かのジャーナリストをその国に派遣した。
It's dark in here. Can you open the **curtains**?	この中は暗いね。カーテンを開けてくれる？
The boy **counted** the birds sitting in the tree.	少年は木に止まっている鳥を数えた。
Can you change the **channel**, please?	チャンネルを変えてもらえますか。

01 80

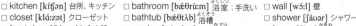

□ kitchen [kítʃən] 台所、キッチン　□ bathroom [bǽθrùːm] 浴室；手洗い　□ wall [wɔ́ːl] 壁
□ closet [klɑ́ːzət] クローゼット　□ bathtub [bǽθtλb] 浴槽　□ shower [ʃáυər] シャワー
□ front door [frλnt dɔ́ːr] 玄関　□ garden [gɑ́ːrdən] 庭；花壇　□ fence [féns] 垣根、フェンス
□ sofa [sóυfə] ソファ　□ bookcase [búkkèɪs] 本箱、本だな

045

01 81	**title** [táɪtl]	名 題名、タイトル

01 82	**leaf** [líːf]	名 葉

01 83	**waste** [wéɪst]	動 ～を浪費する、無駄にする 名 ① 無駄　② 廃棄物、ごみ

01 84	**surf** [sə́ːrf]	動 ① 〈インターネット〉をサーフィンする ② サーフィンをする

01 85	**planetarium** [plæ̀nətéəriəm] ▲ 発音・アクセント注意。	名 プラネタリウム

01 86	**hang** [hǽŋ]	動 ① ～をつるす　② ぶら下がる ▸ hang-hung-hung と活用する。

01 87	**director** [dəréktər]	名 ① 〈映画などの〉監督 ② 〈組織の〉指導者、責任者 動 direct 〈映画など〉を監督する

01 88	**put** [pút]	動 ～を置く、入れる ▸ put-put-put と活用する。

01 89	**hold** [hóʊld]	動 ① 〈会など〉を開く、催す ② ～を持つ、抱える ▸ hold-held-held と活用する。

01 90	**crowded** [kráʊdɪd]	形 混雑した ▸ 「～で混んでいる」は be crowded with ～ と言う。

✐ **文法問題を攻略する (3)**
次の予想問題を解いてみましょう。
A: Who is that man (　　) the black jacket?
B: He's my father.
1 wear　2 wore　3 wearing　4 wears

The movie's **title** is different from the book's.	その映画のタイトルは本のと違う。
The autumn **leaves** here are very beautiful every year.	ここの紅葉は毎年とても美しい。
We cannot **waste** time anymore.	私たちはこれ以上時間を無駄にすることはできない。
Bob spends a long time **surfing** the Internet every day.	ボブは毎日ネットサーフィンに長時間費やしている。
They went on a date to the **planetarium**.	彼らはプラネタリウムにデートに行った。
She **hung** her coat in the closet.	彼女はクローゼットにコートをかけた。
The movie **director** has won many awards.	その映画監督は数々の賞を受賞してきた。
Please **put** your things in this box.	持ち物をこの箱に入れてください。
The art club meeting will be **held** this afternoon.	今日の午後、美術部のミーティングが開かれる。
The trains are always very **crowded** in the morning.	朝はいつも、電車がとても混んでいる。

01/90

Aのセリフは Who is that man? (あの男性はだれですか) だけでも成立しており、空欄から後ろは that man を後ろから修飾しています。現在分詞 (動詞の ing 形で「〜している」を意味する) は、ほかの語句と一緒に名詞を後ろから修飾することができます。正解は3。that man wearing the black jacket で「黒いジャケットを着たあの男性」という意味になります。A「黒いジャケットを着たあの男性はだれですか。」B「父です。」

047

01 91	**delicious** [dɪlíʃəs] ▲ アクセント注意. ▸▸▸⌀	形 とてもおいしい
01 92	**sell** [sél]	動 ~を売る ▸ sell-sold-sold と活用する。
01 93	**decide** [dɪsáɪd]	動 (~を) 決める
01 94	**drive** [dráɪv]	動 ① (~を) 運転する、車で行く ② ~を車で送る [運ぶ] 名 ドライブ; (車で行く) 道のり ▸ drive-drove-driven と活用する。
01 95	**break** [bréɪk]	動 ~を壊す、割る、折る 名 休憩 ▸ break-broke-broken と活用する。
01 96	**move** [múːv]	動 ① 移動する、引っ越す ② ~を動かす、移動させる 名 movement 動き
01 97	**line** [láɪn]	名 ① 線 ② 列
01 98	**care** [kéər]	動 気にする 名 ① 世話 ② 手入れ
01 99	**other** [ʌ́ðər]	形 ほかの ▸ the other だと「そのほかの」という意味になる。
02 00	**save** [séɪv]	動 ① ~を蓄える、貯める ② ~を節約する ③ ~を救う

⌀ **very をつけない形容詞**
　p.010 のミニコラムでも触れましたが delicious は「とてもおいしい」という意味の形容詞で、すでに「とて も」の意味が含まれているので前に very をつけることはありません。このように形容詞自体に強調の意味が 含まれている形容詞はほかにもあります。代表的なものを見ておきましょう。

The cheesecake at that restaurant is delicious.	そのレストランのチーズケーキはとてもおいしい。
The store **sells** carpets from the Middle East.	その店では中東のじゅうたんを販売している。
Have you **decided** where to go for summer vacation yet?	夏休みにどこに行くかもう決めましたか。
He does not like to **drive**.	彼は車を運転するのが好きではない。
He **broke** his arm when he was snowboarding.	彼はスノーボードをしていて腕を骨折した。
Our company **moved** to Osaka.	私たちの会社は大阪に引っ越した。
He drew a straight **line** on the paper.	彼は紙に直線を引いた。
She does not **care** about little things.	彼女は小さなことを気にしない。
The restaurant has many **other** foods, too.	そのレストランにはほかにも多くの料理がある。
He is **saving** money to buy a new guitar.	彼は新しいギターを買うためにお金を貯めている。

The movie I saw last week was **wonderful**.
先週見た映画は素晴らしかった。(very wonderful とは言わない)
Their ballet performance was **amazing**.
彼らのバレエの演技は素晴らしかった。(very amazing とは言わない)
I had a **terrible** stomachache yesterday. 昨日はひどい腹痛だった。(very terrible とは言わない)

02 01	**heavy** [hévi]	形 ① 重い (⇔light)　② 〈雨などが〉激しい
02 02	**guess** [gés]	動 ① …ではないかと思う　② ~を推測する 名 推測
02 03	**along** [əlɔ́(:)ŋ]	前 ~に沿って
02 04	**promise** [prά:məs]	動 ~を約束する 名 約束
02 05	**narrow** [nǽrou] ▶▶▶ 🖉	形 (幅が) 狭い (⇔wide) ▶「(面積が) 狭い」と言う場合は small を使う。
02 06	**before** [bɪfɔ́:r]	接 …する前に 副 以前に ▶「~の前に」という前置詞以外の使い方も覚えておこう。
02 07	**hope** [hóup]	動 [hope that ... で] …であることを望む ▶ hope to *do* (~することを望む) の形でも使う。
02 08	**close** [形 klóus 動 klóuz]	形 近い 動 閉まる；~を閉める
02 09	**area** [éəriə]	名 地域
02 10	**sound** [sáund]	動 ~に聞こえる、思われる 名 音

🖉 **「部屋が狭い」は narrow とは言わない**

narrow =「狭い」と覚えていると、「私の部屋は狭い」を My room is narrow. と言ってしまいそうになりますが、narrow は「(幅が) 狭い」という意味なので、この文では細長い部屋の意味になってしまいます。ふつう My room is small. と言います。ここでは 3 級で出題されている、形状を表す語をまとめておきましょう。

This bag is really **heavy**.	このかばんはとても重い。
I **guess** it's a good way to relax.	それはリラックスするよい方法ではないかと思う。
Walk **along** this street for about 10 minutes.	この通り沿いに10分ほど歩いてください。
He **promised** to return the money.	彼はお金を返すと約束した。
This road is too **narrow** for big trucks.	この道路は大きなトラックには狭すぎる。
I lived in New York **before** I went to college.	私は大学に行く前、ニューヨークに住んでいた。
I **hope that** I pass the test.	私は試験に合格することを望んでいる。
The post office is **close** to the station.	郵便局は駅の近くにある。
There are not many stores in this **area** of town.	町のこの地域には店があまりない。
His idea **sounds** interesting.	彼の考えは面白そうだ。

02▶
10

□ thick [θík] 厚い
□ square [skwéər] 四角い
□ thin [θín] (厚さが) 薄い
□ sharp [ʃɑ́ːrp] 鋭い
□ round [ráund] 丸い、円形の
□ flat [flǽt] 平らな、平坦な

02 11 catch [kǽtʃ]	動 ① ～を捕まえる ② 〈列車など〉 に間に合う ► catch-caught-caught と活用する。
02 12 answer [ǽnsər]	動 ～に答える 名 ① 答え ② 返答、返事
02 13 tournament [túərnəmənt]	名 トーナメント
02 14 speech [spíːtʃ]	名 演説、スピーチ 動 speak（～を）話す
02 15 rise [ráɪz]	動 上がる ► rise-rose-risen と活用する。
02 16 cover [kʌ́vər]	動 ～を覆う 名 覆い、カバー ► be covered with ～ の項目 (0856) も参照。
02 17 air [éər]	名 ① 空気 ② 空中
02 18 shut [ʃʌ́t]	動 ～を閉める；閉まる ► shut-shut-shut と活用する。
02 19 pull [púl]	動 ～を引く、引っ張る（⇔push）
02 20 absent [ǽbsənt]	形 欠席した ► be absent from ～ の項目 (0901) も参照。

✏ **文法問題を攻略する (4)**
次の予想問題を解いてみましょう。
Students (　　) want to enter American universities need to study English hard.
1 who　2 what　3 whose　4 why

We **caught** many fish in the lake.	私たちは湖で魚をたくさん捕まえた。
He was not able to **answer** the question.	彼はその問題に答えることができなかった。
There is a chess **tournament** this weekend.	今週末、チェスのトーナメントがある。
Tyler won the national **speech** contest.	タイラーは全国スピーチコンテストで優勝した。
Gas prices are **rising**.	ガソリン価格が上がっている。
She **covered** her mouth with her hand.	彼女は手で口を覆った。
The **air** in the city is dirty.	都会の空気は汚れている。
Please **shut** the fridge door.	冷蔵庫のドアを閉めてください。
Her little brother **pulled** her hair.	弟は彼女の髪を引っ張った。
Almost everyone came to the meeting, but Jim was **absent**.	ほとんど全員が会議に来たが、ジムは欠席した。

英文に want と need という2つの動詞があることに気づきましたか。文の動詞は need で、空欄から universities までが主語の students を修飾しています。人を表す名詞 students を受け、修飾部分の主語の働きをする関係代名詞 who が正解です。関係代名詞も頻出文法単元なので、who, which, that, what, whose の使い方を復習しておいてください。「アメリカの大学に入りたい生徒は一生懸命英語を勉強する必要がある。」

053

02 21	**upset** [ʌpsét]	形 ① 動揺した ② 怒った

02 22	**call** [kɔ́:l]	動 ① ~に電話をする ② ~を呼ぶ 名 電話 (をかけること) ► called *A* (A と呼ばれる) の形でも出題されている。

02 23	**tell** [tél]	動 ① ~を話す、言う ② ~を教える ► tell-told-told と活用する。

02 24	**minute** [mínət] ►►►✎	名 分

02 25	**bring** [bríŋ]	動 ~を持ってくる [いく]、連れてくる [いく] ► bring-brought-brought と活用する。

02 26	**early** [ə́:rli]	副 早く、早めに

02 27	**place** [pléɪs]	名 ① 場所 ② (飲食) 店 ③ (競争での) ~位

02 28	**kind** [káɪnd]	形 親切な、優しい 名 種類

02 29	**later** [léɪtər]	副 ① あとで ② ~後に ► 15 years later なら「15 年後に」という意味。

02 30	**difficult** [dífɪkəlt]	形 難しい (⇔ easy) 名 difficulty 難しさ

✎ **時間の単位**

minute は時間の単位の「分」。3 級では時間の単位を表すさまざまな表現も登場するので、ここで (まだ登場したことのないものも含め) まとめて見ておきましょう。

Sam was **upset** when her pet hamster died.	ペットのハムスターが死んで、サムは動揺した。
I'll **call** you this evening.	今晩お電話します。
She **tells** her children stories every night.	彼女は毎晩子どもたちにお話を聞かせる。
It takes 15 **minutes** to walk to the store from here.	ここからその店まで歩いて 15 分かかる。
He **brought** some drinks to the party.	彼はパーティーに飲み物を持ってきた。
You should go to bed **early** tonight.	今夜は早く寝なさい。
This is a good **place** to surf.	ここはサーフィンをするのにいい場所だ。
He is a very **kind** teacher.	彼はとても優しい先生だ。
I'll call you **later**.	あとで折り返し電話します。
Science is **difficult** for me.	理科は私には難しい。

02▶
30

□ second [sékənd] 秒　□ hour [áuər] 時間　□ day [déɪ] 日　　　□ week [wíːk] 週
□ month [mʌ́nθ] 月　□ year [jíər] 年　□ decade [dékeɪd] 10 年　□ century [séntʃəri] 世紀

02 31	**excited** [ɪksáɪtɪd]	形 興奮した、わくわくした

02 32	**miss** [mís] ▸▸▸✎	動 ① ~に乗り損なう ② ~を恋しく思う ③ ~を欠席する ▸「誤り」の意味の「ミス」は英語では mistake と言う。

02 33	**ever** [évər]	副 今までに、これまで

02 34	**collect** [kəlékt]	動 ~を集める、収集する 名 collection 収蔵品；収集 名 collector 収集家、コレクター

02 35	**pay** [péɪ]	動 ~を払う；お金を払う ▸ pay-paid-paid と活用する。pay A for B の項目 (0867)、pay for ~ の項目 (0991) も参照。 名 payment 支払い

02 36	**quiet** [kwáɪət]	形 静かな (⇔noisy) 副 quietly 静かに

02 37	**main** [méɪn]	形 主な 副 mainly 主に

02 38	**useful** [júːsfl]	形 役に立つ ▸ use (役立つこと) + -ful (満ちた) でできた語。

02 39	**reason** [ríːzn]	名 理由

02 40	**piece** [píːs]	名 一切れ、一かけら ▸ a piece of ~ の項目 (0937) も参照。

✎ **miss の使い方**
上で見た miss の「~に乗り損なう」「~を恋しく思う」「~を欠席する」といった意味は一見無関係なように見えますが、元は「的を外す」という意味の語で、乗り物に乗ろうと思ったのに「乗り損なう」、だれかに会いたいのに会えなくて「恋しく思う」、出席するつもりだったものに「欠席する」と考えれば、根っこでつながっていることがわかります。

She is **excited** about her new job.	彼女は新しい仕事のことでわくわくしている。
I **missed** the last bus yesterday.	私は昨日、終バスに乗り遅れた。
Have you **ever** been to Korea?	今までに韓国に行ったことがありますか。
She likes **collecting** foreign stamps.	彼女は外国の切手を集めるのが好きだ。
Users have to **pay** to use this service.	ユーザーはこのサービスを利用するのにお金を払う必要がある。
It is very **quiet** in the library.	図書館の中はとても静かだ。
The parade is the **main** event of the festival.	そのパレードはフェスティバルのメインイベントだ。
I found a very **useful** website for learning English.	私は英語を学ぶのにとても役に立つウェブサイトを見つけた。
What is your **reason** for moving to London?	ロンドンに引っ越す理由は何ですか。
The glass broke into **pieces**.	ガラスは粉々に割れた。

02
40 ►

My favorite café closed last month. I really **miss** it. (私の大好きなカフェが先月閉店した。とても寂しい)
Meg **missed** soccer practice yesterday. (メグは昨日サッカーの練習を欠席した)

02 41	**goal** [góʊl]	名 ① 目標、目的 (≒ purpose) ② (サッカーなどの) ゴール
02 42	**type** [táɪp]	名 タイプ、種類
02 43	**message** [mésɪdʒ]	名 伝言、メッセージ ► leave a message for ~ の項目 (0831)、Can I take a message? の項目 (1209) も参照。
02 44	**feel** [fíːl]	動 感じる ► feel-felt-felt と活用する。
02 45	**chance** [tʃǽns]	名 機会、チャンス ► have a chance to *do* の項目 (0854)、get a chance to *do* の項目 (0928) も参照。
02 46	**weak** [wíːk] ▸▸▸ ⌀	形 弱い、元気がない (⇔ strong)
02 47	**voice** [vóɪs]	名 声
02 48	**point** [pɔ́ɪnt]	名 ① 得点 ② (記号の) 点 ③ 地点
02 49	**fast** [fǽst]	副 速く (⇔ slowly) 形 速い (⇔ slow)
02 50	**clear** [klíər]	形 澄んだ、きれいな 動 〈邪魔なもの〉を取り除く、片づける 副 clearly はっきりと

🖉 **同音語に注意しよう**

weak は「弱い」という意味の形容詞ですが、「週」という意味の week と発音が同じです。このような同音語は聞いただけでは違いがわからないので、リスニングの際には文脈をイメージしながら聞くことが重要です。ここでは 3 級で登場する同音語のセットをまとめて見ておきましょう。

Do you have any **goals** for this year?	何か今年の目標はありますか。
His office was filled with many **types** of books.	彼の事務所は多くの種類の本でいっぱいだった。
This song has an important **message** for young people.	この歌には若者への重要なメッセージが込められている。
I had a headache yesterday, but I'm **feeling** better today.	私は昨日頭が痛かったが、今日は気分がよくなった。
It will be a good **chance** to practice your English.	それは英語を練習するよい機会になるだろう。
The illness made him **weak**.	彼は病気で元気がなくなった。
She has a beautiful **voice**.	彼女は美しい声をしている。
He got four **points** for his team.	彼はチームのために4点取った。
I could swim very **fast** when I was young.	私は若いころとても速く泳ぐことができた。
The sky is **clear** tonight.	今夜は空がきれいだ。

02/50

□ steal (〜を (こっそり) 盗む) [stíːl] □ steel (鋼鉄、はがね)
□ sail ((人が) 船を操縦する) [séɪl] □ sale (バーゲンセール、安売り)
□ whole (すべての、全部の) [hóʊl] □ hole (穴)
□ mail (〜を郵送する) [méɪl] □ male (男性の、雄の)
□ flower (花) [fláʊər] □ flour (小麦粉)

02 51	**through** [θrúː]	前 ～を通り抜けて
02 52	**hill** [híl]	名 丘
02 53	**by** [báɪ] ▸▸▸✎	前 ① ～までに (は) ② 〈交通手段〉で ▸「～のそばに」「〈動作主〉によって」の意味も覚えておこう。
02 54	**give** [gív]	動 ～を与える、あげる ▸ give-gave-given と活用する。
02 55	**need** [níːd]	動 ～を必要とする、～が必要だ
02 56	**finish** [fíniʃ]	動 ① (～を) 終える ② 終わる
02 57	**all** [ɔ́ːl]	代 すべてのもの、全員 形 すべての
02 58	**job** [ʤáːb]	名 仕事、職
02 59	**first** [fə́ːrst]	副 ① まず、最初に ② 初めて 形 ① 初めての、最初の ② 1番目の
02 60	**problem** [práːbləm]	名 問題

✎ **注意すべき前置詞 (1)**
皆さんは「by ってどういう意味?」と聞かれたら何と答えるでしょう。「～のそばに」「～によって」。正解です。ただし3級では「～までに (は)」という意味でも出題されているので覚えておいてください。till (～まで) と混同してしまう人もいますが、まったく違います。till はその時点までずっと続くという「継続」を意味しますが、by は「締め切り」を意味するのです。右ページの例文で意味の違いをつかんでください。

The river runs **through** some cities.	その川はいくつかの都市を通って流れている。
The children ran down the **hill**.	子どもたちは丘をかけ下りた。
I need to finish this report **by** Friday.	私はこのレポートを金曜日までに仕上げなければならない。
I **gave** my sister a watch for her birthday.	私は妹の誕生日に腕時計をあげた。
Tomoko **needs** new glasses.	トモコは新しいメガネが必要だ。
Rick finally **finished** his painting.	リックはついにその絵を描き終えた。
They were **all** late to class.	彼らは全員授業に遅れた。
It is difficult to get a good **job**.	よい仕事につくのは難しい。
First, we should talk about the schedule.	まずスケジュールの話をしなければなりません。
Do you know the answer to this **problem**?	この問題の答えを知っていますか。

I have to get home **by** 10:00 p.m. (私は夜 10 時までに帰宅しなければならない)
→ 10 時が締め切り。帰り着くのは 8 時でも 9 時でも OK。
The bookstore is open **till** 10:00 p.m. (その書店は夜 10 時まで開いている)
→ 書店は 10 時までずっと開いている。この書店は 8 時や 9 時に閉まることはない。

| 02 61 | **stay** [stéɪ] | 動 ① (ある場所に) とどまる、いる ② 泊まる ③ (ある状態) のままでいる |

| 02 62 | **ask** [ǽsk] | 動 ~に尋ねる、質問する |

| 02 63 | **forget** [fərgét] | 動 (~を) 忘れる ► forget-forgot-forgotten と活用する。 |

| 02 64 | **wait** [wéɪt] | 動 待つ |

| 02 65 | **than** [ðǽn] | 前 ~よりも |

| 02 66 | **ready** [rédi] | 形 準備ができて ► be ready for ~ の項目 (0822)、be ready to *do* の項目 (0970) も参照。 |

| 02 67 | **stadium** [stéɪdiəm] ⚠ 発音注意。 | 名 スタジアム、競技場 |

| 02 68 | **enter** [éntər] | 動 ① 〈競技など〉 に参加する ② ~に入る 名 entrance 入り口；入ること 名 entry (コンテストなどの) 参加者、参加作品 |

| 02 69 | **else** [éls] ▸▸▸✑ | 副 ほかに |

| 02 70 | **size** [sáɪz] | 名 大きさ、サイズ |

✑ **else の使い方**

else は「ほかに」という意味の副詞ですが、使い方が変わっています。else の前にくる語が限られているのです。else の前にくるのは、what や who、where などの疑問詞、something や everyone、all、little などの代名詞、somewhere などの副詞です。else がなくても文としては成立します。右ページの例を見て、感覚をつかんでください。

We **stayed** at home all day yesterday.	私たちは昨日一日中家にいた。
She was **asked** many questions in the interview.	彼女はインタビューで多くの質問をされた。
I **forgot** my keys at the office last night.	私はゆうべ、会社にかぎを忘れた。
Please **wait** here.	ここでお待ちください。
This bag is cheaper **than** that one.	このかばんはあれよりも安い。
If everyone is **ready**, we can start the meeting.	皆さんの準備ができたら、会議を始めましょう。
The city built a new baseball **stadium**.	市は新しい野球場を建てた。
He decided to **enter** the contest.	彼はコンテストに出場することにした。
Who **else** is coming to the party?	ほかにだれがパーティーに来るのですか。
What **size** would you like?	どのサイズをお探しですか。

02
70

Would you like anything **else**? (ほかに何か欲しいものはありますか)

If that restaurant is closed, we will go somewhere **else**.
(もしそのレストランが閉まっていたら、どこかほかのところに行こう)

02 71	**scientist** [sáɪəntəst] ▸▸▸ ✎	名 科学者 名 science 科学、理科
02 72	**dentist** [déntəst]	名 歯医者
02 73	**musician** [mju(:)zíʃən] ▲ アクセント注意。	名 音楽家
02 74	**wrong** [rɔ́(:)ŋ]	形 ① 間違った (⇔ right)　② 調子が悪い
02 75	**season** [síːzn]	名 季節
02 76	**space** [spéɪs]	名 ① 場所、スペース　② 宇宙
02 77	**fall** [fɔ́ːl]	動 ① 倒れる　② 落ちる 名 秋 ▸ fall-fell-fallen と活用する。
02 78	**each** [íːtʃ]	副 それぞれが、それぞれに 形 それぞれの
02 79	**thirsty** [θɚ́ːrsti]	形 のどが渇いた
02 80	**package** [pǽkɪdʒ]	名 小包

✎ **人・職業を表す語 (1)**

scientist (科学者) や次の項目の dentist (歯科医) のように -ist で終わる職業名はたくさんあります。また
さらに次の項目の musician (音楽家) のように -ian で終わる職業名もあります。ここでは 3 級で登場した職
業名をいくつか見ておきましょう。teacher (教師) のように「～する人」を意味する -er で終わる語について
は p. 104 で見ます。

The star was found by a famous **scientist**.	その星は有名な科学者によって発見された。
David does not like to go to the **dentist**.	デイヴィッドは歯医者に行くのが好きではない。
The **musician** can play the piano and the trumpet.	そのミュージシャンはピアノとトランペットを演奏することができる。
I bought a shirt for my father, but I got the **wrong** size.	父にシャツを買ったが、間違ったサイズを買ってしまった。
Spring is the best **season** to visit Japan.	春は日本を訪れるのに一番よい季節だ。
This house has enough **space** for a family of five.	この家には5人家族に十分なスペースがある。
The old woman suddenly **fell** to the ground.	老婦人は突然地面に倒れた。
The boys' father gave them five dollars **each**.	少年たちの父親は彼らにそれぞれ5ドル与えた。
I was very **thirsty** after running.	走ったあとで私はとてものどが渇いていた。
I'd like to send this **package** to Australia.	この小包をオーストラリアに送りたいのですが。

□ artist [áːrtəst] 芸術家
□ guitarist [gɪtáːrɪst] ギタリスト
□ detective [dɪtéktɪv] 刑事；探偵
□ sailor [séɪlər] 船乗り

□ pianist [piǽnəst] ピアニスト
□ librarian [laɪbréəriən] 図書館員、司書
□ acrobat [ǽkrəbæt] 曲芸師

065

02 81	**wide** [wáɪd]	形 幅広い (⇔narrow)

02 82	**quick** [kwík]	形 素早い、急いだ 副 quickly 急いで；すぐに

02 83	**hit** [hít]	動 ① ~を襲う、攻撃する ② ~を打つ ▸ hit-hit-hit と活用する。

02 84	**introduce** [ìntrəd(j)úːs]	動 ① ~を紹介する ② ~を導入する 名 introduction 紹介；導入

02 85	**suddenly** [sʌ́dnli]	副 突然 形 sudden 突然の

02 86	**invent** [ɪnvént]	動 ~を発明する、考案する 名 invention 発明

02 87	**fresh** [fréʃ]	形 ① 新鮮な ② 出来立ての

02 88	**fact** [fǽkt]	名 事実

02 89	**slowly** [slóʊli]	副 ゆっくりと (⇔quickly) 形 slow ゆっくりとした、遅い

02 90	**surprise** [sərpráɪz]	名 ① 驚き、意外なこと ② 思いがけないプレゼント 動 ~を驚かせる 形 surprised 驚いた 形 surprising 驚くべき

✎ **文法問題を攻略する (5)**
次の予想問題を解いてみましょう。
A: Jim is often late, (　　) he?
B: Yes. One time I waited for him for an hour and a half.

　　1 didn't　2 isn't　3 couldn't　4 hasn't

They needed a boat to cross the **wide** river.	彼らにはその広い川を渡るための船が必要だった。
Try to be **quick**. We have to leave soon.	急ぐようにしなさい。もうすぐ出発しなければなりません。
The storm **hit** the small town on Monday morning.	月曜日の朝、嵐はその小さな町を襲った。
First, I'd like to **introduce** Mr. Clark.	まずクラークさんをご紹介したいと思います。
The train stopped **suddenly**.	電車が突然止まった。
Do you know who **invented** the telephone?	あなたはだれが電話を発明したか知っていますか。
Let's go outside and get some **fresh** air.	外に出て新鮮な空気を吸おう。
Let's start by looking at the **facts**.	事実を確認することから始めましょう。
Please walk **slowly** in the temple.	お寺の中ではゆっくり歩いてください。
What a pleasant **surprise** to see you here!	ここであなたに会えるなんて、何てうれしい驚きなんでしょう。

文の後ろに肯定／否定の逆にした付加部分を加え「～ですよね?」と同意を求める疑問文を「付加疑問文」と言います。加える部分は、先行する部分が be 動詞の文であれば be 動詞、一般動詞の文なら do(es) / did、助動詞の文なら同じ助動詞を、肯定／否定を逆にして加えます。左の文であれば先行部分は is の肯定文なので、isn't he? を加えるのが正解になります。A「ジムはよく遅刻するよね?」B「うん、一度 1 時間半待ったこともあったよ。」

02 91	**couple** [kʌ́pl]	名 夫婦、カップル ► a couple of ~ の項目 (0852) も参照。
02 92	**head** [héd]	名 頭部
02 93	**proud** [práʊd]	形 誇りに思って ► be proud of ~ の項目 (0841) も参照。 名 pride 誇り
02 94	**horizon** [həráɪzn]	名 地平線、水平線
02 95	**figure** [fígjər]	名 ① 図形 ② 人物像、像 ③ 数字 動 ~と考える、判断する ► 「フィギュアスケート」の figure は①の意味。
02 96	**planet** [plǽnət]	名 惑星
	▸▸▸ ✐	
02 97	**familiar** [fəmíljər]	形 ① 見覚えのある、聞き覚えのある ② よく知っている、詳しい
02 98	**shout** [ʃáʊt]	動 叫ぶ
02 99	**habit** [hǽbət]	名 習慣、癖 ► 主に個人の習慣を指す。社会的な「慣習」は custom と言う。
03 00	**imagine** [ɪmǽdʒɪn]	動 ~を想像する ► image (イメージ) も同じ語源の単語。 名 imagination 想像力

✐ **天文関連の語**
planet は「惑星」を意味する語です。地球や火星、金星など、太陽の周りを回る天体を指します。太陽のような「恒星」は star と言います。ここでは 3 級で登場した天文関連の語をまとめて見ておきましょう。

There were a lot of young **couples** on the beach.	ビーチには多くの若いカップルがいた。
My **head** has hurt since this morning.	今朝から頭が痛い。
I'm **proud** to be a member of this team.	私はこのチームの一員であることを誇りに思っている。
The sun rose above the **horizon**.	太陽が水平線の上に昇った。
Please look at the **figure** on page 35.	35 ページの図を見てください。
Some people want to visit other **planets**.	ほかの惑星に行きたいと考える人もいる。
I heard a **familiar** voice in the next room.	隣の部屋で聞き覚えのある声がした。
They **shouted** for help.	彼らは助けを求めて叫んだ。
I want to change my **habit** of going to bed late.	遅く寝る習慣を変えたい。
I cannot **imagine** life without smartphones.	スマートフォンのない生活なんて想像できない。

03 00 ▶

□ space [spéɪs] 宇宙　　□ star [stáːr] 星、恒星
□ sun [sʌ́n] 太陽　　□ Earth [ə́ːrθ] 地球
□ moon [múːn] 月　　□ astronaut [ǽstrənɔ̀ːt] 宇宙飛行士

069

03 01	**enjoyable** [ɪndʒɔ́ɪəbl]	形 楽しい、楽しめる
		► enjoy (~を楽しむ) + -able (~できる) でできた語。
		動 enjoy ~を楽しむ

03 02	**alarm** [əlá:rm]	名 ① 警報器 ② 警報

03 03	**public** [pʌ́blɪk]	形 ① 公の、公共の (⇔private)
		② 公的な (⇔private)
		名 一般の人々

03 04	**leave** [lí:v]	動 ① ~を残す、忘れる ② (~を) 出発する
		► leave-left-left と活用する。

03 05	**just** [dʒʌ́st]	副 ① ちょうど (~したばかり) ② ~だけ

03 06	**ago** [əgóu]	副 (今から) ~前に

03 07	**show** [ʃóu]	動 ① ~を示す ② ~を見せる、案内する
		③ 〈方法・道など〉 を教える
		名 ショー ; 番組
		► show-showed-shown と活用する。

03 08	**meeting** [mí:tɪŋ]	名 会議、ミーティング
		► have a meeting で「ミーティングを開く」という意味。

03 09	**office** [á:fəs] ▸▸▸✎	名 事務所

03 10	**museum** [mju(:)zí:əm] ▲ アクセント注意。	名 美術館、博物館
		► 「美術館」は art museum と言うこともある。

✎ **オフィス関連の語**
3級ではビジネスの場面はそれほど多く出題されるわけではありませんが、それでもリスニングなどで登場することはあります。ここでは3級の過去問で登場したオフィス関連の主な用語を見ておきましょう。

This trip was very **enjoyable** for me.	今回の旅行は私にとってとても楽しかった。
The fire **alarm** is not working.	その火災報知器は作動していない。
There are several **public** libraries in the city.	その市にはいくつかの公共図書館がある。
Yesterday, I **left** my umbrella on the train.	昨日、私は電車に傘を忘れた。
I **just** saw her the other day.	ついこの間彼女に会ったばかりだ。
I visited China 30 years **ago**.	私は30年前に中国を訪れた。
Meg **showed** him her new bag.	メグは彼に新しいかばんを見せた。
We **have a** staff **meeting** every Thursday.	私たちは毎週木曜日にスタッフミーティングを開く。
The station is close to my **office**.	その駅は私の事務所の近くだ。
The **museum** has some famous paintings.	その美術館にはいくつかの有名な絵がある。

□ main office [mèɪn ɑ́:fəs] 本社
□ locker [lɑ́:kər] ロッカー
□ office hours [ɑ́:fəs áʊərz] 勤務時間
□ boss [bɔ́(:)s] 上司
□ meeting room [mí:tɪŋ rù:m] 会議室
□ copy machine [kɑ́:pi məʃì:n] コピー機
□ lunchtime [lʌ́ntʃtàɪm] 昼食時間

03 11	**right** [ráɪt]	形 ① 正しい ② [文末に , right? とつける形で] ~だよね? 副 ① すぐに ② まさに ▶「右」という名詞の意味も覚えておこう。
03 12	**free** [fríː]	形 ① 無料の ② 暇な
03 13	**soon** [súːn]	副 ① もうすぐ ② 早く
03 14	**date** [déɪt]	名 ① 日取り、日付 ② デート ▶ go on a date (デートに行く) という表現も覚えておこう。
03 15	**yet** [jét]	副 ① [否定文で] まだ ② [疑問文で] もう
03 16	**sick** [sík]	形 病気の
03 17	**color** [kʌ́lər]	名 色
03 18	**tired** [táɪərd]	形 疲れた
03 19	**cheap** [tʃíːp]	形 安い (⇔ expensive) 副 cheaply 安く
03 20	**life** [láɪf]	名 ① 人生、生涯 ② 生活 ③ 命

✏ **文法問題を攻略する (6)**
次の予想問題を解いてみましょう。
A: I don't know (　　) the power button is.
B: It's on the bottom.

1 who　2 when　3 where　4 why

I think maybe you're **right**.	たぶんあなたは正しいと思う。
I got a **free** dessert because it was my birthday.	誕生日だったので無料のデザートをもらった。
It will be spring **soon**.	もうすぐ春になる。
I'd like to change the **date** of the next meeting.	次のミーティングの日取りを変更したいのですが。
I have not seen that movie **yet**.	私はまだその映画を見ていない。
She was absent from school because she was **sick**.	彼女は病気で学校を休んだ。
My favorite **color** is light blue.	私の一番好きな色はライトブルーです。
The long judo practice made him **tired**.	彼は長時間の柔道の練習で疲れた。
The car was really **cheap**.	その車はとても安かった。
She became famous early in **life**.	彼女は人生の早い時期に有名になった。

03
20

空欄に入る適切な疑問詞を選ぶ問題です。Bが「それ (=the power button) は一番下にありますよ」と答えていることから、場所をたずねる where が正解です。このように文の途中から疑問文が始まる文を「間接疑問文」と言います。間接疑問文では、Where is the power button? のように疑問文の語順にならず、〈疑問詞＋平叙文〉の語順になります。A「電源ボタンがどこかわかりません。」B「それは一番下にあります。」

03 21	**idea** [aɪdíːə] ▲ アクセント注意。	名 考え、アイデア
03 22	**over** [óuvər] ▸▸▸✎	前 ① ~以上 ② ~を越えて ▸ ①の意味では、厳密には日本語の「~以上」と違ってその数を含まない。
03 23	**company** [kʌ́mpəni]	名 会社
03 24	**cost** [kɔ́(:)st]	動 〈費用〉 がかかる 名 費用 ▸ cost-cost-cost と活用する。
03 25	**actor** [ǽktər]	名 俳優 ▸ 男性にも女性にも使う。actress（女優）という語も覚えておこう。
03 26	**strong** [strɔ́(:)ŋ]	形 ① 強い（⇔weak）② 丈夫な
03 27	**college** [kάːlɪʤ]	名 ① 大学 ② 単科大学
03 28	**doctor** [dάːktər]	名 医師、医者
03 29	**worried** [wə́ːrid]	形 不安で、心配して
03 30	**someone** [sʌ́mwʌ̀n]	代 だれか、ある人

✎ **注意すべき前置詞 (2)**

over は一言で言うと「越えて」を意味する単語です。ある数値を越えると「~以上」という意味を表しますし、あるものの上に位置すると「~の上に、~を覆って」という意味を表します。come over は途中にある場所を越えて「やってくる」というニュアンスを表し、あるプロセス全体を越えると be over（終わる）という表現にもなります。

I got the **idea** while I was in the shower.	シャワーを浴びているときにそのアイデアが浮かんだ。
Flights to New Zealand take **over** 12 hours.	ニュージーランドまで飛行機で12時間以上かかる。
My father has worked at the same **company** for 30 years.	父は30年間同じ会社で働いている。
That concert ticket **costs** 50 dollars.	そのコンサートチケットは50ドルだ。
My favorite **actor** is in the movie.	私の好きな俳優がその映画に出ている。
Gorillas are very **strong** animals.	ゴリラはとても力の強い動物だ。
Anna learned Japanese in **college**.	アナは大学で日本語を学んだ。
The **doctor** told Mark that he needed some rest.	医者はマークに休養が必要だと言った。
The little girl was alone and looked **worried**.	その女の子は一人で不安げだった。
Maybe **someone** took your umbrella by mistake.	だれかが間違ってあなたの傘を持っていったのかもしれない。

A drone is flying **over** the park. (ドローンが公園の上空を飛んでいる)
Can you **come over** to my house on January 25th? (1月25日にうちに来られる?)
Summer vacation **is over**. (夏休みが終わった)

| 03 31 | **part** [pá:rt] | 名 部分 |

| 03 32 | **winner** [wínər] | 名 勝者 (⇔loser) |

| 03 33 | **hobby** [há:bi] ▶▶▶✎ | 名 趣味 |

| 03 34 | **ocean** [óʊʃən] | 名 海、大洋 |

| 03 35 | **poor** [púər] | 形 貧しい (⇔rich) |

| 03 36 | **interested** [íntərəstɪd] | 形 興味がある ▶ be interested in ~ の項目 (0819) も参照。 |

| 03 37 | **protect** [prətékt] | 動 ~を守る、保護する |

| 03 38 | **anytime** [énitàɪm] | 副 いつでも |

| 03 39 | **cloud** [kláʊd] | 名 雲 形 cloudy 曇った |

| 03 40 | **front** [fránt] ⚠ 発音注意。 | 形 前面の、正面の 名 前面、正面 ▶ in front of ~ の項目 (0949) も参照。 |

✎ **趣味・娯楽関連の語**
hobbyは暇なときに楽しみのために行うこと、要するに「趣味」のことです。読書や写真撮影、ガーデニングなどはその典型と言えるでしょう。ここでは3級で登場した趣味・娯楽関連の語を見ておきましょう。

Track
034

Meeting new people is my favorite **part** of this job.	新しい人たちと知り合えることはこの仕事で一番好きな部分だ。
Jack is the **winner** of the speech contest.	ジャックはそのスピーチコンテストの優勝者だ。
My **hobby** is taking photos of rivers.	私の趣味は川の写真を撮ることだ。
Foster grew up in a village next to the **ocean**.	フォスターは海辺の村で育った。
They give meals to **poor** people on holidays.	彼らは休日に貧しい人々に食事を提供している。
I'm **interested** to hear about your trip to Bali.	私はあなたのバリ旅行の話を聞きたい。
If we do not **protect** the forests, they will be gone soon.	もし私たちが森を守らなければ、森はすぐになくなってしまうだろう。
You can call me **anytime** after 10:00 a.m.	午前10時以降であればいつでも電話してください。
The sky was covered with **clouds**.	空は雲で覆われていた。
Let's meet at the **front** entrance of the hotel.	ホテルの正面入り口のところで会いましょう。

□ gardening [gáːrdnɪŋ] ガーデニング
□ circus [sə́ːrkəs] サーカス
□ quiz [kwíz] クイズ
□ balloon [bəlúːn] 風船
□ snowman [snóʊmæn] 雪だるま
□ barbecue [báːrbɪkjùː] バーベキュー
□ video game [vídioʊ gèɪm] テレビゲーム
□ cartoon [kɑːrtúːn] 漫画、風刺画
□ kite [káɪt] たこ

03 41	**storm** [stɔ́:rm]	名 嵐 形 stormy 嵐の
03 42	**forest** [fɔ́:rəst]	名 森
03 43	**center** [séntər]	名 ① 中心、中央 ② 中心施設、センター ► in the center of ～ で「～の中心 (部) に」という意味。 形 central 中心的な、中心の
03 44	**luckily** [lʌ́kəli]	副 運よく 名 luck 運 形 lucky 幸運な
03 45	**traditional** [trədíʃənl]	形 伝統的な 名 tradition 伝統、慣習
03 46	**field** [fí:ld]	名 ① 野原 ② 運動場、グラウンド
03 47	**socks** [sá:ks] ▶▶▶ ✎	名 靴下 (くつした)
03 48	**gate** [géɪt]	名 門、ゲート
03 49	**model** [má:dl]	名 ① (ファッション) モデル ② 模型 (もけい)
03 50	**shape** [ʃéɪp]	名 形、形状

✎ **2つで1セットの語**

socks (靴下) は sock という単語の複数形です。2つで1セットのため、本書ではあえて s のついた形で載せています。数えるときは two socks ではなく two pairs of socks (2足の靴下) のように数えます。jeans は衣服の「ジーンズ」では必ず複数形ですが、jean jacket (デニムジャケット) のように形容詞として使う場合は単数形で使います。ここでは複数形で覚えておくとよい語を取り上げます。

We stayed at home because of the **storm**.	嵐のために私たちは家にいた。
Don't go into the **forest** after dark.	暗くなってから森に入ってはいけないよ。
She wants to live **in the center of** the city.	彼女は都市の中心部に住みたいと思っている。
Luckily, it was sunny on the day of the festival.	幸運にも、お祭りの日は晴れた。
Sushi is a **traditional** Japanese food.	寿司は伝統的な日本料理だ。
The children played in the **field** after school.	子どもたちは放課後、野原で遊んだ。
Matt found holes in his **socks**.	マットは靴下に穴を見つけた。
This **gate** is always open.	この門はいつも開いている。
She bought her son a plastic **model** of a ship.	彼女は息子に船のプラモデルを買った。
The windows of the church have different **shapes**.	その教会の窓はさまざまな形をしている。

□ shoes [ʃúːz] 靴
□ jeans [dʒíːnz] ジーンズ
□ scissors [sízərz] はさみ
□ pants [pǽnts] ズボン
□ glasses [glǽsɪz] メガネ
□ chopsticks [tʃɑ́ːpstìks] はし

03 51	**guide** [gáɪd]	名 案内人、ガイド
03 52	**everything** [évriθɪŋ]	代 すべて (のこと・もの)
03 53	**fight** [fáɪt]	動 ① けんかをする ② 戦う、戦争をする 名 けんか ▶ fight-fought-fought と活用する。have a fight の項目 (1085) も参照。
03 54	**garage** [gərάːʒ] ▲ 発音・アクセント注意。	名 車庫、ガレージ
03 55	**smart** [smάːrt] ▸▸▸𝒶	形 利口な、賢い
03 56	**agree** [əgríː]	動 意見が一致する、賛成する (⇔ disagree) 名 agreement 同意、合意
03 57	**ring** [ríŋ]	名 指輪
03 58	**pollution** [pəlúːʃən]	名 汚染 動 pollute ～を汚染する
03 59	**blanket** [blǽŋkət]	名 毛布
03 60	**less** [lés]	副 より少なく 形 より少ない、より小さい

✍ **カタカナ語に要注意**

英単語の中にはカタカナ語として日本語になっているものが非常にたくさんあり、この知識を活かさない手はありませんが、元の英語とカタカナ語の間に微妙な意味の違いがあることも多く、注意が必要です。英語のsmartには「やせた」という意味はなく、「やせた」は英語では slim などと言います。ここではこうした要注意語を見ておきましょう。

The **guide** showed the people the old castle.

ガイドは人々にその古い城を案内した。

Track 036

Winning is not **everything**.

勝つことがすべてではない。

Amanda always **fights** with her younger sister.

アマンダはいつも妹とけんかをしている。

I put my bike in the **garage**.

自転車をガレージにしまった。

My pet rat is very **smart**.

私のペットのネズミはとても賢い。

We didn't **agree** until the end.

私たちは最後まで意見が一致しなかった。

She got a diamond **ring** for Christmas.

彼女はクリスマスにダイヤモンドの指輪をもらった。

Air **pollution** is a common problem in big cities.

大気汚染は大都市に共通の問題だ。

This **blanket** is light and warm.

この毛布は軽くて暖かい。

Computers cost **less** than they did when I was younger.

コンピュータは私が若かったときよりも費用がかからなくなっている。

03/60

□ plastic [plǽstɪk] プラスチック、ビニール　　□ card [kɑ́:rd] カード：トランプ
□ spell [spél]〈語など〉をつづる(「つづり」は spelling)
□ pants [pǽnts] ズボン(「(男性用下着の) パンツ」は underpants)
□ dress [drés] ワンピース：ドレス　　□ scarf [skɑ́:rf] マフラー、スカーフ
□ ski [skí:] スキー板(「(スポーツの) スキー」は skiing)

081

03 61	**ceiling** [síːlɪŋ]	名 天井

03 62	**mean** [míːn]	動 ~を意味する、言おうとする ▸ mean-meant-meant と活用する。 名 meaning 意味

03 63	**village** [vílɪʤ]	名 村

03 64	**above** [əbʌ́v]	前 ~の上に ▸ on と違って、接触していない上方の位置を表す。

03 65	**low** [lóʊ]	形 ① 〈値段が〉安い ② 低い (⇔high)

03 66	**purpose** [pə́ːrpəs]	名 目的 (≒goal)

03 67	**write** [ráɪt] ⚠ 発音注意。	動 (~を) 書く ▸ write-wrote-written と活用する。

03 68	**wish** [wíʃ]	動 …であればいいのにと願う 名 願い、願望 ▸ 動詞では後ろの節中の動詞が過去形になり、実現不可能 だったり、実現する可能性の低い望みを表すことが多い。

03 69	**click** [klík]	動 クリックする

03 70	**hear** [híər]	動 ~を聞く、~が聞こえる ▸ hear-heard-heard と活用する。

✎ **文法問題を攻略する (7)**
次の予想問題を解いてみましょう。
A: Jane, have you (　　) your homework yet?
B: No, I don't have any homework today.
1 did　2 do　3 done　4 does

The room has a high **ceiling**.	その部屋は天井が高い。
I don't understand what you **mean**.	おっしゃる意味がわかりません。
We stayed in a small **village** near the river.	私たちは川の近くの小さな村に滞在した。
The moon is shining **above** the mountains.	山々の上に月が輝いている。
The restaurant's prices are very **low**.	そのレストランは値段がとても安い。
What is the **purpose** of this study?	この研究の目的は何ですか。
Cassie **wrote** a letter to her grandmother.	キャシーは祖母に手紙を書いた。
I **wish** that I could fly.	空を飛べたらいいのに。
Please **click** here to see the English menu.	英語版のメニューを見るにはここをクリックしてください。
I **heard** a strange sound outside.	外で変な音が聞こえた。

A のセリフが Jane, という呼びかけのあと、have you で始まる疑問文になっている点に注目すると、現在完了の疑問文であるとわかります。正解は 3 done です。〈have +動詞の過去分詞〉で表される現在完了時制は、過去から現在へと至る状態や行為を表し、「~してしまった（完了）」「（ずっと）~している（継続）」「~したことがある（経験）」などを表します。A「ジェーン、もう宿題は終わったの？」「ううん、今日は宿題はないんだ。」

03 71	**softly** [sɔ́(:)ftli]	副 穏やかに、優しく 形 soft 柔らかい

03 72	**shocking** [ʃáːkɪŋ]	形 衝撃的な 動 shock ～にショックを与える

03 73	**south** [sáʊθ] ▸▸▸🖊	名 南、南方（⇔north） 形 南の（⇔north）

03 74	**example** [ɪgzǽmpl]	名 例

03 75	**florist** [flɔ́ːrɪst]	名 花屋

03 76	**assistant** [əsístənt]	名 助手、補佐、アシスタント

03 77	**kick** [kík]	動 ～をける

03 78	**think** [θíŋk]	動 (…と) 思う、考える ► think-thought-thought と活用する。

03 79	**counter** [káʊntər]	名 (店・銀行などの) カウンター

03 80	**control** [kəntróʊl]	動 ～を支配する、統制する 名 支配力

🖊 **東西南北**

方位磁石を見ると、北にNと書いてありますね。N (北)、S (南)、E (東)、W (西) の4つが書いてある場合もあります。頭文字を合わせるとNEWS (ニュース) となるので、思い出せないときは、これで頭文字を思い出すこともできるかもしれません。東西南北の言い方をまとめて見ておきましょう。

She laid the baby in the bed **softly**.	彼女は赤ん坊を優しくベッドに寝かせた。
The end of the play was **shocking**.	その劇の結末は衝撃的だった。
Malta lies to the **south** of Italy.	マルタ島はイタリアの南に位置する。
This song is a good **example** of 18th century music.	この歌は18世紀の音楽のいい例だ。
Tim paid the **florist** to send his mother roses.	ティムは花屋にお金を払って母親にバラを送ってもらった。
Betty is an **assistant** to the president.	ベティーは社長補佐だ。
The police **kicked** the door down.	警官はドアをけ倒した。
I **think** that Mr. Turner is a great teacher.	ターナー先生は立派な先生だと思う。
Please do not sit on the **counter**.	カウンターの上に座らないでください。
The army now **controls** the city.	現在、軍がその市を支配している。

03▸
80

□ north [nɔ́ːrθ] 北、北部 □ northern [nɔ́ːrðərn] 北方の
□ south [sáυθ] 南、南部 □ southern [sʌ́ðərn] 南方の
□ east [íːst] 東、東部 □ eastern [íːstərn] 東方の
□ west [wést] 西、西部 □ western [wéstərn] 西方の

03 81	**stapler** [stéɪplər] ▸▸▸✐	名 ホチキス、ステープラー
03 82	**thick** [θík]	形 厚い (⇔thin)
03 83	**shocked** [ʃáːkt]	形 ショックを受けた 動 shock ～にショックを与える
03 84	**smile** [smáɪl]	名 ほほえみ 動 ほほえむ
03 85	**ethnic** [éθnɪk]	形 民族の、民族的な ▸「エスニック料理」の「エスニック」はこの単語。
03 86	**height** [háɪt] ⚠発音注意。	名 高さ ▸つづりにも注意。 形 high 高い
03 87	**ceremony** [sérəmòʊni]	名 儀式、式
03 88	**decoration** [dèkəréɪʃən]	名 飾り、装飾 (品) 動 decorate ～を飾る
03 89	**trick** [trík]	名 芸当、手品
03 90	**last** [lǽst]	動 続く 形 最後の、この前の

✐ **文具を表す語**
stapler は「ホチキス、ステープラー」という意味。staple は「ホチキス [ステープル] の針：～をホチキス [ステープラー] で留める」という意味で、stapler はそれに「～するもの」という意味の -er がついた形です。ここでは 3 級で登場する文具を表す語をまとめて見ておきましょう。(chalk は未出題語。)

Can you pass the **stapler** on the desk?	机の上のホチキスを取ってくれる?
He was eating a **thick** slice of bread.	彼は厚切りのパンを食べていた。
We were **shocked** at the news of his death.	私たちは彼の死の知らせに衝撃を受けた。
She has a beautiful **smile**.	彼女は笑顔が美しい。
This is one of the country's smallest **ethnic** groups.	これはその国で最も小さな民族グループの一つだ。
The **height** of the tower is 60 meters.	そのタワーの高さは60メートルだ。
The whole family went to the graduation **ceremony**.	その家族は全員で卒業式に行った。
He does not have any **decorations** in his home.	彼は家に何も装飾品を置いていない。
He knows how to do card **tricks**.	彼はトランプ手品のやり方を知っている。
The festival **lasted** for five days.	そのお祭りは5日間続いた。

□ chalk [tʃɔ́ːk] チョーク
□ colored pencil [kʌ́lərd pènsl] 色鉛筆
□ ruler [rúːlər] 定規
□ notebook [nóutbùk] ノート
□ eraser [ɪréɪsər] 消しゴム
□ pencil case [pénsl kèɪs] 筆箱
□ glue [glúː] 接着剤、のり

03 91	**find** [fáɪnd]	動 ~を見つける ► find-found-found と活用する。
03 92	**practice** [prǽktɪs]	動 (~を) 練習する 名 練習
03 93	**ticket** [tíkət]	名 切符、チケット
03 94	**famous** [féɪməs]	形 有名な ► be famous for ~ の項目 (0898) も参照。
03 95	**busy** [bízi]	形 忙しい
03 96	**money** [mʌ́ni]	名 お金
03 97	**clean** [klíːn]	動 ~を掃除する、きれいにする 形 きれいな
03 98	**become** [bɪkʌ́m]	動 ~になる ► become-became-become と活用する。
03 99	**try** [trái] ▸▸▸ ✎	動 ① (~を) 試す、試みる ② ~を試食する、試着する
04 00	**learn** [lə́ːrn]	動 (~を) 学ぶ、習得する

✎ **いろいろなものにトライする**
try は「(~を) 試す、試みる」という意味の動詞。「トライする」は日本語にもなっています。よく「新しいことにチャレンジする」などと言いますが、英語では try new things のように try を使います (challenge は「(人・組織などに) 挑戦する」という意味)。日本語の「試す」以上にいろいろなものに使えるので、覚えておくと便利です。

I **found** a nice shirt at that store.	その店で素敵なシャツを見つけた。
She **practiced** her speech every morning.	彼女は毎朝スピーチの練習をした。
The **tickets** for this amusement park are expensive.	この遊園地のチケットは高い。
He is a **famous** tennis player.	彼は有名なテニス選手だ。
I want to go, but I am **busy** tomorrow.	行きたいけれど、明日は忙しいんです。
I need some **money** to buy notebooks.	私はノートを買うお金が必要だ。
Clean your room at once.	すぐに部屋を掃除しなさい。
Her dream was to **become** an actress someday.	彼女の夢はいつか女優になることだった。
Let's **try** that new Indian restaurant tonight.	今晩あの新しいインド料理店に行ってみよう。
I studied French for one year, and I **learned** nothing.	フランス語を1年間勉強したが、何も身につかなかった。

I'd like to **try** snowboarding someday.（いつかスノーボードをしてみたい）
Try our chocolate ice cream for dessert.（デザートに当店のチョコアイスを食べてみてください）
I'm going to **try** the art club.（私は美術部に入ってみるつもりだ）

04 01	**different** [dífərnt]	形 ① さまざまな ② 違う、別の ► be different from ～ の項目 (0847) も参照。 副 differently 異なって 名 difference 違い
04 02	**own** [óʊn]	形 自分自身の 動 ～を所有している 名 owner 所有者
04 03	**question** [kwéstʃən]	名 質問
04 04	**almost** [ɔ́:lmoʊst]	副 もう少しで、ほとんど
04 05	**once** [wʌ́ns] ▸▸▸✎	副 ① 1回 ② かつて
04 06	**warm** [wɔ́:rm]	形 暖かい
04 07	**twice** [twáɪs] ▸▸▸✎	副 2回
04 08	**draw** [drɔ́:]	動 ① ～を描く ② ～を引く ► draw-drew-drawn と活用する。
04 09	**way** [wéɪ]	名 ① 方法、仕方 ② 道、道順
04 10	**road** [róʊd]	名 道路

✎ **回数を表す表現**
once は「1 回」、twice は「2 回」と回数を表します。3 回以上は、「3 回」は three times、「4 回」は four times…のように〈数字＋times〉で表します。「何回も」は many times と言います。twice a week の項目 (0971) も参照してください。

Fiona visited **different** museums during the trip.	フィオナは旅行中にさまざまな美術館を訪れた。
My father started his **own** company last year.	父は去年、自分自身の会社を始めた。
If you have any **questions**, please call me.	何か質問があれば電話してください。
The team is **almost** ready for the big game.	チームはその大きな試合に向けた準備がほとんど整っている。
I've been to Nepal **once**.	私は一度ネパールに行ったことがある。
I like living here because it's **warm** all year round.	一年中暖かいので、私はここに住むのが好きだ。
I've been to Canada **twice**.	私はカナダに2回行ったことがある。
He **drew** a map of the area around the station for me.	彼は私に駅の周辺地域の地図を描いてくれた。
I think this is the best **way** to study a language.	私はこれが言語を勉強する一番いい方法だと思う。
Look left and right before you cross the **road**.	道路を渡る前に左右を見なさい。

04▶
10

James often travels for work. Next week, he'll go to Boston. He has only been there **once**. He has been to Los Angeles **twice**. Last year, he went to New York **four times**.
（ジェームズはよく仕事で出張する。来週はボストンに行く予定だ。そこにはまだ1回しか行ったことがない。ロサンゼルスには2回行ったことがある。昨年はニューヨークに4回行った）

04 11	**toy** [tɔ́ɪ]	名 おもちゃ 形 おもちゃの
04 12	**star** [stɑ́ːr]	名 ① 星、恒星 ② スター、人気者
04 13	**rule** [rúːl]	名 規則、ルール
04 14	**word** [wə́ːrd]	名 単語、言葉
04 15	**even** [íːvn]	副 ～さえ
04 16	**broken** [bróʊkən]	形 ① 壊れた、故障した ② 〈骨などが〉折れた ▶ break（～を壊す；～を折る）の過去分詞が形容詞化したもの。
04 17	**inside** [ɪnsáɪd]	副 内部に、屋内に（⇔ outside） 名 内部（⇔ outside）
04 18	**everywhere** [évriwèər]	副 どこでも、どこにも
04 19	**anyone** [éniwʌ̀n]	代 ① [疑問文で] だれか ② [否定文で] だれも
04 20	**group** [grúːp]	名 集団、群れ、グループ

✎ **文法問題を攻略する (8)**
次の予想問題を解いてみましょう。
Sarah likes (　　) emails to her friends.
1 write　2 writing　3 wrote　4 writes

The baby is playing with **toys**.	その赤ちゃんはおもちゃで遊んでいる。
He went outside and looked up at the **stars**.	彼は外に出て星を見上げた。
Don't break the school **rules**.	校則を破ってはいけません。
I learned a new **word** today.	私は今日、新しい言葉を学んだ。
Bob speaks many languages, and he can **even** read Chinese.	ボブは多くの言語を話し、中国語を読むことさえできる。
My tennis racket is **broken**.	私のテニスラケットは壊れている。
Tony stayed **inside** yesterday because it was raining.	雨が降っていたので、トニーは昨日屋内にいた。
There are vending machines **everywhere** in this city.	この都市には至るところに自動販売機がある。
Did **anyone** call me while I was gone?	出かけている間にだれか私に電話してきましたか。
I'd like to join this **group**.	私はこのグループに加わりたい。

動詞 likes の後ろに入る動詞の形を選ぶ問題。動詞をそのまま2つ続けることはできないので、「～すること」を意味する動名詞 (ing 形) を選びます。正解は2。「～すること」は不定詞 (to do) でも表すことができるので、選択肢に to write があればそれも正解になります。ただし like の後ろには動名詞も不定詞も来ますが、finish や enjoy など動名詞しかこない動詞もあるので、本書 Part 2 で覚えてください。「サラは友だちにメールを書くのが好きだ。」

093

04 21	**light** [láɪt]	名 明かり、照明 形 ① 軽い ② (色が) 明るい 副 lightly 軽く
04 22	**dream** [drí:m]	名 (将来の) 夢 ▶ 寝ているときに見る「夢」も dream。
04 23	**nature** [néɪtʃər] ▶▶▶✎	名 ① 自然 ② 性質 形 natural 自然の;生まれつきの 副 naturally 自然に;当然
04 24	**as** [ǽz]	前 ~として
04 25	**far** [fáːr]	副 遠く
04 26	**short** [ʃɔ́ːrt]	形 ① 短い (⇔long) ② 背が低い (⇔tall)
04 27	**environment** [ɪnváɪərənmənt] ⚠ 発音注意。	名 (自然) 環境
04 28	**case** [kéɪs]	名 ① 場合 ② 入れ物
04 29	**corner** [kɔ́ːrnər]	名 角
04 30	**language** [lǽŋgwɪdʒ]	名 言語

✎ **自然を表す語**
nature (自然) の nat は「生まれる」を意味する語根で、nature には「生まれたままの、自然な状態」「本質、性格」などの意味もあります。native (生まれた土地の、母語の) なども同じ語源の単語です。ここでは 3 級に登場した自然を表す語をまとめて見ておきましょう。

Can you turn off the **light** for me?	明かりを消してもらえますか。
My **dream** is to become a doctor.	私の夢は医師になることだ。
We enjoyed the beauty of **nature** in the mountains.	私たちは山の中で自然の美しさを楽しんだ。
She earns money **as** a dancer.	彼女はダンサーとしてお金を稼いでいる。
How **far** is the hotel from here?	ホテルはここからどのくらい遠いですか。
She has **short** hair.	彼女は髪が短い。
The company works hard to help the **environment**.	その会社は環境を守る努力をしている。
In special **cases**, workers may go home early.	特別な場合には、社員は早く帰宅できる。
Please turn left at the next **corner**.	次の角を左に曲がってください。
Connor likes to learn new **languages**.	コナーは新しい言語を学ぶのが好きだ。

04 30

□ continent [káːntənənt] 大陸 □ mountain [máʊntn] 山 □ island [áɪlənd] 島
□ beach [bíːtʃ] 海辺、浜 □ lake [léɪk] 湖 □ pond [páːnd] 池
□ valley [væli] 谷 □ soil [sɔ́ɪl] 土 □ sunlight [sʌ́nlàɪt] 日光

| 04 31 | **climb** [kláɪm] ⚠ 発音注意。 | 動 (~に) 登る |

| 04 32 | **parade** [pəréɪd] ⚠ アクセント注意。 | 名 パレード |

| 04 33 | **section** [sékʃən] | 名 ① 売り場、コーナー　② (会社の) 部門 |

| 04 34 | **church** [tʃə́:rtʃ] ▶▶▶✎ | 名 教会 |

| 04 35 | **program** [próʊgræm] | 名 番組、プログラム |

| 04 36 | **push** [púʃ] | 動 ~を押す (⇔pull) |

| 04 37 | **manager** [mǽnɪdʒər] ⚠ アクセント注意。 | 名 経営者、支配人、店長、部長 |

| 04 38 | **view** [vjú:] | 名 眺め、景色　動 ~を眺める |

| 04 39 | **whole** [hóʊl] | 形 ① すべての、全部の (≒entire)　② (時間・距離などが) まる~　▶ for a whole week で「まる1週間」という意味。 |

| 04 40 | **spot** [spá:t] | 名 ① 染み、汚れ　② 場所、地点 (≒place) |

✎ **施設を表す語**
church は「教会」という意味の語。上の例文のように教会という建物を表しますが、go to church のように無冠詞で使うと「礼拝に行く」という意味になります。shrine (神社) や temple (寺院) も合わせて覚えておきましょう。ここでは3級に出題されたさまざまな施設を表す語を見ておきます。

The girl **climbed** the tall tree.	少女はその高い木に登った。
There was a **parade** on the main street yesterday.	昨日、大通りでパレードがあった。
You can find that book in the history **section**.	その本は歴史のコーナーにあります。
In Rome, I visited a beautiful **church**.	ローマで美しい教会を訪れた。
The channel has many interesting TV **programs**.	そのチャンネルには面白いテレビ番組がたくさんある。
Push the door to open it.	そのドアを開けるには押してください。
He is the **manager** of a local fast food restaurant.	彼は地元のファストフードレストランの店長だ。
The room has a great **view**.	その部屋は眺めがいい。
She made lunch for her **whole** family.	彼女は家族全員分の昼食を作った。
There were some **spots** on his shirt.	彼のシャツにはいくつか染みがあった。

04
40

□ bank [bǽŋk] 銀行
□ mall [mɔ́ːl] ショッピングモール
□ castle [kǽsl] 城
□ pool [púːl] プール
□ national park [nǽʃənl pɑ́ːrk] 国立公園

□ hospital [hɑ́ːspɪtl] 病院
□ studio [st(j)úːdiòu] スタジオ
□ zoo [zúː] 動物園
□ amusement park [əmjúːzmənt pɑ̀ːrk] 遊園地
□ jail [dʒéɪl] 刑務所、拘置所

097

04 41	**badly** [bǽdli]	副 ① ひどく ② 悪く、下手に 形 bad ひどい；悪い
04 42	**glove** [ɡlʌ́v] ⚠ 発音注意。	名 ① 手袋 ② (野球の) グラブ
04 43	**land** [lǽnd]	名 ① 陸 (⇔ sea) ② 土地 動 着陸する、上陸する
04 44	**recently** [rí:sntli]	副 最近、近ごろ ▶ 過去形または現在完了形の動詞と共に使う。 形 recent 最近の
04 45	**hurry** [hə́:ri]	動 急ぐ ▶ hurry up! の項目 (0890)、be in a hurry の項目 (0900) も参照。
04 46	**against** [əɡénst]	前 ① ~に対抗して、~を相手に ② ~に反対して (⇔ for)
04 47	**nothing** [nʌ́θɪŋ]	代 何も~ない ▶ 形容詞がつくときは nothing の後ろにつく。
04 48	**carpenter** [ká:rpəntər] ⚠ アクセント注意。	名 大工
04 49	**platform** [plǽtfɔ̀:rm] ▶▶▶✎	名 (駅の) プラットホーム
04 50	**drop** [drɑ́:p]	動 ① ~を落とす ② 落ちる

✎ **交通・乗り物に関する語**
日本語では電車に乗る場所を「ホーム」と言いますが、home ではありません。これは platform (プラットフォーム) を略した和製英語です。英語では platform と言う、ということを覚えておいてください (英語では form と略すこともありません)。ここでは交通・乗り物に関する語をまとめて見ておきましょう。

He was **badly** injured in the accident.	彼は事故でひどいけがをした。
She lost her favorite **gloves**.	彼女はお気に入りの手袋をなくした。
Sea turtles move slowly on **land**.	ウミガメは陸上では動くのが遅い。
Recently, she has been busy with her club activities.	最近、彼女は部活動で忙しい。
The train leaves in five minutes, so please **hurry**.	電車があと5分で出るので、急いでください。
England is playing **against** Spain at tonight's game.	今夜の試合でイギリスはスペインと対戦する。
That movie was **nothing** special.	その映画は何も特別なことはなかった。
The **carpenter** is fixing the roof of a house.	その大工は家の屋根を修理している。
The next express train leaves from **platform** 5.	次の急行は5番ホームから出る。
Dennis **dropped** a glass on the floor, and it broke.	デニスはコップを床に落として割ってしまった。

04
50 ►

□ seat belt [síːt bèlt] シートベルト　　□ driver's license [dráɪvərz làɪsns] 運転免許（証）
□ taxi [tǽksi] タクシー　　□ express train [ɪksprés trèɪn] 急行列車
□ bike [báɪk] 自転車　　□ boat [bóʊt] 船、ボート
□ ferry [féri] フェリー

04 51	**hole** [hóʊl]	名 穴
04 52	**worse** [wə́ːrs] ▸▸▸✎	形 〈品質・状況などが〉もっと悪い
04 53	**list** [líst]	名 一覧表、リスト
04 54	**neighbor** [néɪbər]	名 近所の人、隣人 ▸ つづりに注意。
04 55	**shrine** [ʃráɪn]	名 神社 ▸「明治神宮」は Meiji Shrine と言う。「寺」は temple、「教会」は church。
04 56	**dry** [dráɪ]	形 乾いた、乾燥した (⇔wet)
04 57	**business** [bíznəs]	名 ① 商売、ビジネス ② 会社、店 ▸ on business の項目 (0858) も参照。
04 58	**afraid** [əfréɪd]	形 恐れて、心配して ▸ be afraid of ~ の項目 (0810) も参照。
04 59	**develop** [dɪvéləp]	動 ① ~を開発する ② 成長する、発達する 名 development 開発、発達
04 60	**handle** [hǽndl]	名 取っ手、柄 ▸ 車の「ハンドル」は steering wheel と言う。

✎ **形容詞・副詞の不規則変化**
英語の形容詞、副詞には、ほかのものと比べるときに使う比較級と最上級という形があります。基本的には元の形 (原級と言います) の語尾に、比較級は -er を、最上級は -est をつけて作りますが、不規則変化するものがあります。重要なものばかりなので、必ず覚えておいてください。

My bike's tire has a **hole** in it.	私の自転車はタイヤに穴が開いている。
This design is **worse** than the old one.	このデザインは以前のものより悪い。
I forgot my shopping **list** at home.	私は家に買い物リストを忘れた。
My **neighbor** gave me a lot of apples.	隣の人がリンゴをたくさんくれた。
Laura visited the **shrine** on New Year's day.	ローラは元日に神社にお参りした。
The towels are not **dry** yet.	タオルはまだ乾いていない。
She went to Singapore for **business**.	彼女は仕事でシンガポールに行った。
She is **afraid** that she will fail her exam.	彼女は試験に落ちるのではないかと心配している。
The team is **developing** a new video game.	そのチームは新しいテレビゲームを開発している。
The door **handle** is broken.	ドアの取っ手が壊れている。

many / much（多い）→ more → most   little（少ない）→ less → least
good / well（よい／よく）→ better → best   bad（悪い）→ worse → worst

| 04 61 | **set** [sét] | 動 ~を整える、準備する ► set-set-set と活用する。 |

| 04 62 | **interest** [íntərəst] | 名 興味、関心 形 interesting 面白い 形 interested 興味を持った |

| 04 63 | **pond** [pá:nd] | 名 池 |

| 04 64 | **action** [ǽkʃən] | 名 行動、動き |

| 04 65 | **expect** [ıkspékt] | 動 ① ~を予想する ② ~を期待する 名 expectation 予想；期待 |

| 04 66 | **thin** [θín] | 形 ① (厚さが) 薄い (⇔thick) ② やせた、やせ細った (⇔fat) |

| 04 67 | **mind** [máınd] | 名 ① 頭脳、知性 ② 心、精神 (⇔body) |

| 04 68 | **add** [ǽd] | 動 ~を加える、足す |

| 04 69 | **system** [sístəm] | 名 システム、組織 |

| 04 70 | **necessary** [nésəsèri] | 形 必要な ► 〈〈人〉＋ be 動詞＋ necessary〉の形にはならない。 |

🖉 **文法問題を攻略する (9)**
次の予想問題を解いてみましょう。
Jack stayed up late (　　) a soccer game.
1 to watch　　2 watched　　3 watch　　watches

The little girl's job was to **set** the table.	その小さな女の子の仕事は食卓の準備をすることだった。
Thank you for your **interest** in our company.	わが社にご興味をお持ちいただき、ありがとうございます。
Many fish live in the **pond**.	その池にはたくさんの魚が生息している。
She tried to explain her **actions**.	彼女は自分の行動を説明しようとした。
I never **expected** to see you here.	こんなところであなたに会うなんて思ってもみませんでした。
The walls in this house are really **thin**.	この家の壁はとても薄い。
Try to clear your **mind**.	頭をすっきりさせるよう心がけなさい。
Can you **add** some more salt?	もう少し塩を足してもらえますか。
This house has a very nice alarm **system**.	この家にはとても立派な警報システムがある。
No experience is **necessary**.	経験は必要ありません。

選択肢に並ぶ watch は「～を見る」という意味の動詞です（「腕時計」という意味の名詞もありますが、ここでは意味が通じません）。主語 Jack のすぐ後ろに stayed という動詞があるので、空欄に動詞をそのまま入れることはできません。正解は 1 の to watch。〈to ＋動詞の原形〉で表される不定詞には「～するために」と目的を表す使い方があり、ここではその意味で使われています。「ジャックはサッカーの試合を見るために遅くまで起きていた。」

04 71	**reporter** [rɪpɔ́ːrtər] ▶▶▶⌀	名 記者
04 72	**prepare** [prɪpéər]	動 ① (~の) 準備をする　② 〈食事など〉を作る 名 preparation 準備
04 73	**circle** [sə́ːrkl]	名 円、円周
04 74	**rich** [rítʃ]	形 金持ちの、裕福な (⇔poor)
04 75	**fat** [fǽt]	形 太った (⇔thin)
04 76	**sight** [sáɪt]	名 ① 光景、景色　② 名所、観光地 ③ 視覚、視力
04 77	**limit** [límət]	名 制限 動 ~を制限する
04 78	**spread** [spréd]	動 ① 広がる　② ~を広げる ▶ spread-spread-spread と活用する。
04 79	**simple** [símpl]	形 単純な、簡単な
04 80	**course** [kɔ́ːrs]	名 ① (時などの) 経過、なりゆき ② (学校などの) 課程

⌀ **人・職業を表す語 (2)**
　p. 064 のミニコラムで人や職業を表す語を見ましたが、一番わかりやすいのは「~する人」を表す -er のついた形です。teacher (先生) は「teach する (=教える) 人」ですし、reporter (記者) は「report する (=報告する、報道する) 人」のことですね。ここでは -er で終わる、人・職業を表す語を見ておきましょう。

She works as a **reporter** for a newspaper.	彼女は新聞社で記者として働いている。
Will you have enough time to **prepare** for the trip?	旅行の準備をするのに十分な時間はありますか。
It is difficult to draw a perfect **circle**.	完全な円を描くのは難しい。
Only **rich** children go to the school.	その学校には裕福な子どもだけが通っている。
That's the **fattest** cat I've ever seen.	あれはこれまで見た中で一番太ったネコだ。
We walked around the lake and enjoyed the beautiful **sights**.	私たちは湖の周りを歩き、美しい景色を楽しんだ。
We had a time **limit** of three days to finish the job.	私たちには、その仕事を終えるのに3日の時間制限があった。
The fire **spread** quickly.	火はすぐに燃え広がった。
This math problem is very **simple**.	この数学の問題はとても簡単だ。
That event changed the **course** of history.	その出来事は歴史の流れを変えた。

□ hairdresser [héərdrèsər] 美容師　□ designer [dɪzáɪnər] デザイナー
□ baker [béɪkər] パン焼き職人　□ dancer [dǽnsər] ダンサー
□ painter [péɪntər] 画家　□ trainer [tréɪnər] トレーナー
□ swimmer [swímər] 泳ぐ人

04 81	**energy** [énərdʒi] ⚠ 発音注意。 ▶▶▶✎	名 ① 元気、活力　② エネルギー
04 82	**overcome** [òuvərkám]	動 〈困難など〉を乗り越える、克服する ▶ overcome-overcame-overcome と活用する。
04 83	**recite** [rɪsáɪt]	動 ～を暗唱する、朗読する
04 84	**trouble** [trʌbl]	名 ① 困ったこと、トラブル 　② (機械などの) 故障、不調
04 85	**imagination** [ɪmædʒənéɪʃən]	名 想像力 ▶ image (イメージ) も同じ語源の単語。
04 86	**mysterious** [mɪstíəriəs]	形 謎めいた、神秘的な 名 mystery 謎、神秘
04 87	**humor** [hjú:mər] ⚠ 発音注意。	名 ユーモア
04 88	**total** [tóʊtl]	形 合計した、総額の 名 合計、総額
04 89	**common** [ká:mən]	形 普通の、一般的な
04 90	**worry** [wə́:ri]	動 心配する ▶ worry about ～ の項目 (0889) も参照。

✎ **カタカナ発音に要注意**
「エネルギー」は皆さんのよく知っている日本語ですが、ドイツ語から入ったカタカナ語で、英語では [エナジー] のような発音になります。このように、カタカナ語が正確な発音を覚える障害になるものも少なくありません。リスニングで混乱しないよう、単語を覚えるときには必ず発音記号や音源を利用して正しい発音で覚えるようにしてください。

The young men are full of **energy**.	その若者たちは元気があふれている。
Everyone needs to **overcome** difficulties.	だれもが困難を克服しなければならない。
At the end of his speech, he **recited** a poem.	スピーチの最後に彼は詩を朗読した。
I'm having **trouble** with this job.	私はこの仕事のことで困っている。
Try using your **imagination**.	想像力を働かせるようにしなさい。
There is something **mysterious** about him.	彼にはどこか謎めいたところがある。
Her speech was full of **humor**.	彼女のスピーチはユーモアにあふれていた。
You don't have to pay the **total** cost today.	今日全額お支払いいただく必要はありません。
Japanese food has become **common** in those countries.	それらの国々では日本食が一般的になってきている。
Don't **worry**, the trains come often.	心配しないで、電車は頻繁に来るから。

□ damage [dæmɪʤ] 損害、ダメージ
□ coat [kóut] コート
□ toast [tóust] トースト
□ penguin [péŋgwɪn] ペンギン
□ dollar [dá:lər] ドル
□ amateur [æmətʃùər] アマチュアの
□ sofa [sóufə] ソファ
□ kilometer [kəlá:mətər] キロメートル
□ ballet [bælél] バレエ

107

04 91	**safety** [séɪfti]	名 安全 形 safe 安全な
04 92	**natural** [nǽtʃərəl]	形 自然の、天然の；生まれつきの 副 naturally 自然に；当然 名 nature 自然
04 93	**possible** [pá:səbl]	形 可能な ► 〈人＋ be 動詞＋ possible〉の形にはならない。 副 possibly もしかしたら
04 94	**seem** [síːm]	動 ～のように思われる、～のようだ
04 95	**custom** [kʌ́stəm]	名 慣習、習慣
04 96	**round** [ráʊnd]	形 丸い、円形の
04 97	**when** [wén]	接 …するとき 副 いつ
04 98	**favorite** [féɪvərət]	形 一番好きな、お気に入りの ► 「最も」の意味が含まれているので、ふつう最上級は使わない。
04 99	**look** [lʊ́k] ▶▶▶⌀	動 ① ～のように見える ② 見る
05 00	**because** [bɪkʌ́z]	接 …なので

✎ **第 2 文型の動詞**

look の意味として一番よく知られているのは「見る」でしょう。ただし 3 級受験で大事なのは、「～のように見える」という意味の使い方。後ろには形容詞がきます。上の例文は That sandwich is delicious.（そのサンドイッチはとてもおいしい）のように looks を be 動詞の is に置き換えることもできますね。このように be 動詞に置き換えられるタイプの動詞（第 2 文型の動詞）をいくつか見ておきましょう。

These rules are for the **safety** of all factory workers.	これらの規則は工場労働者全員の安全のためのものだ。
This is my **natural** hair color.	これは生まれつきの私の髪の色だ。
Is it **possible** for you to get here by nine o'clock?	9時までにここに来ることは可能ですか。
He **seemed** excited to hear my idea.	彼は私のアイデアを聞いて興奮しているようだった。
This **custom** is common in Eastern European countries.	この慣習は東ヨーロッパの国々では一般的だ。
The family uses a large **round** table.	その家族は大きな円卓を使っている。
I worked at a restaurant **when** I was in high school.	私は高校生のとき、レストランで働いていた。
My **favorite** sport is swimming.	私の一番好きなスポーツは水泳だ。
That sandwich **looks** delicious.	そのサンドイッチはとてもおいしそうに見える。
She went home **because** she was tired.	彼女は疲れていたので帰宅した。

His plan **sounds** interesting. (彼の計画は面白そうだ)
This cookie **tastes** good. (このクッキーはおいしい)
The café **became** popular. (そのカフェは人気になった)

109

05 01	**also** [ɔ́ːlsou]	副 ~もまた

| 05 02 | **say** [séɪ] | 動 ① …と言う ② (手紙などに) …と書いてある
► say-said-said と活用する。 |

| 05 03 | **food** [fúːd] | 名 食べ物、食品
► 「飲み物」は drink。 |

| 05 04 | **should** [ʃúd]
▸▸▸✎ | 助 ~すべきだ |

| 05 05 | **if** [ɪf] | 接 ① (もし) …ならば ② …かどうか |

| 05 06 | **parent** [péərənt] | 名 親 |

| 05 07 | **together** [təɡéðər] | 副 一緒に |

| 05 08 | **trip** [tríp] | 名 旅行、旅 |

| 05 09 | **again** [əɡén] | 副 もう一度、また |

| 05 10 | **enjoy** [ɪndʒɔ́ɪ] | 動 ~を楽しむ
形 enjoyable 楽しい、楽しめる |

✎ **助動詞の種類**

should はもともと shall の過去形ですが、3 級では「~すべきだ」という意味だけ覚えておきましょう。ほかに覚えておくべき助動詞としては、can (~することができる)、could (~することができた)、must (~しなければならない) などがあります。また be able to *do* (~することができる)、have to *do* (~しなければならない) や don't have to *do* (~する必要はない) などの熟語も、助動詞と同じように使われます。

Hideo is **also** coming to the party.	ヒデオもパーティーに来る。
I'm sorry, could you **say** that again?	すみませんが、もう一度言っていただけますか。
You should try this **food**.	この食べ物を食べてみるべきです。
It's already 11. You **should** go to bed soon.	もう11時だ。すぐに寝なさい。
Let's go to the beach **if** it's sunny.	天気がよければビーチに行こう。
Thomas loves his **parents** very much.	トーマスは両親をとても愛している。
They always walk home **together** after school.	彼らは放課後いつも一緒に歩いて帰る。
These are photos from my **trip** to New Zealand.	これらはニュージーランド旅行のときの写真です。
I'd like to go there **again** someday.	いつかもう一度そこに行ってみたい。
I really **enjoyed** the party.	私はパーティーをとても楽しんだ。

Betty **couldn't** relax because she was too nervous.
（ベティーはあまりに緊張していてリラックスできなかった）
To get good at basketball, you **must** practice every day.
（バスケットボールが上手になるには、毎日練習する必要がある）
You **don't have to** work on weekends.（週末は働く必要はありませんよ）

05 11	**could** [kúd]	助 ~することができた ▶ can の過去形。
05 12	**one** [wʌ́n] ▶▶▶	代 もの 形 一つの ▶ もちろん数の「1」という意味もある。
05 13	**send** [sénd]	動 ~を送る、届ける ▶ send-sent-sent と活用する。
05 14	**vacation** [veɪkéɪʃən]	名 休暇、休み
05 15	**travel** [trǽvl]	動 ① 旅行する ② 移動する 名 旅行 名 traveler 旅行者、旅人
05 16	**weekend** [wíːkènd]	名 週末 ▶ 「平日」は weekday。
05 17	**around** [əráund]	前 ① ~のあちこちに ② およそ、~くらい
05 18	**hour** [áʊər] ⚠ 発音注意。	名 ① 1 時間 ② (勤務・営業などの) 時間
05 19	**popular** [pɑ́ːpjələr]	形 人気がある
05 20	**weather** [wéðər]	名 天気、天候 ▶ さまざまな天候については p. 126 のミニコラムを参照。

✏ **one と it の違い**

one は前に出てきた数えられる名詞の代わりに使われる代名詞です。こう言うと「it と何が違うの?」と思う人もいるかもしれません。one は前出の名詞だけを受け、不特定のものを指すのに対し、it は限定つきの名詞を受け、特定のものを指します。右ページの文で違いを確かめてください。

We **could** see the stage well from our seats.	私たちの席からはステージをよく見ることができた。
I chose to buy this **one**.	私はこれを買うことにした。
He **sent** a letter to his grandmother.	彼はおばあさんに手紙を送った。
What are your plans for summer **vacation**?	夏休みの予定は？
She **traveled** to over 10 countries last year.	彼女は去年、10か国以上に旅行した。
Maria cleans her apartment every **weekend**.	マリアは毎週末アパートの掃除をする。
They went sightseeing **around** the city.	彼らはその街をあちこち観光して回った。
She practices the violin for two **hours** every day.	彼女は毎日2時間ヴァイオリンを練習している。
The singer is very **popular** in the United States.	その歌手はアメリカでとても人気がある。
The **weather** is very good today.	今日はとてもよい天気だ。

Tom's <u>bike</u> was broken, so he bought a new **one**. (トムの自転車が壊れたので、彼は新しいのを買った)
     ↑—— bike（自転車）という名詞だけを受けている

Tom's <u>bike</u> was broken, so he fixed **it**. (トムの自転車が壊れたので、彼はそれを修理した)
     ↑—— Tom's bike（トムの自転車）を受けている

113

05 21	**ride** [ráɪd]	動〈自転車・車など〉に乗る、乗っていく 名 乗ること ▸ ride-rode-ridden と活用する。
05 22	**sorry** [sá:ri]	形 ① 気の毒に思って　② 申し訳なく思って ▸ I'm sorry.（すみません）という表現もよく使われる。
05 23	**month** [mʌ́nθ]	名（暦の上の）月
05 24	**subject** [sʌ́bʤekt]	名 ① 科目　② 主題、テーマ；（メールの）件名
05 25	**child** [tʃáɪld]　▸▸▸✎	名 子ども
05 26	**fun** [fʌ́n]	名 楽しみ
05 27	**history** [hístəri]	名 歴史
05 28	**contest** [ká:ntest]	名 コンテスト、競技会
05 29	**report** [rɪpɔ́:rt]	名 ① レポート、報告書　② 報道、記事 動 〜を報告する
05 30	**tonight** [tənáɪt]	名 今夜

不規則な複数形

英語では名詞が複数のとき、複数形を使います。ふつうは語尾に s をつけて作ります。このルールには補足があり、語尾が e, o, x, ch, sh の場合は、es をつけます（例：buses）。また〈子音字＋y〉の場合は、y を i に変えて es を、語尾が f, fe の場合はそれを v に変えて es をつけます（例：cities, knives）。ところが、例外の名詞もあります。child（子ども）の複数形は children です。こうした不規則な複数形をいくつか見ておきましょう。

She **rode** her bike to school.	彼女は自転車に乗って学校に行った。
I'm **sorry** to hear about your dog.	あなたの犬のことを聞いてお気の毒に思います。
Kate stayed in Japan for two **months**.	ケイトは2か月日本に滞在した。
Allison's favorite **subject** is math.	アリソンが一番好きな科目は数学だ。
Nancy has three **children**.	ナンシーには3人子どもがいる。
Swimming at the beach is so much **fun**.	ビーチで泳ぐのはとても楽しい。
This country has a long **history**.	この国には長い歴史がある。
Janice entered an art **contest**.	ジャニスは美術コンテストに参加した。
The manager read the **report** carefully.	部長は報告書を注意深く読んだ。
Let's go to a movie **tonight**.	今夜映画を見に行こう。

□ man (人、男性) → men □ woman (女性) → women □ foot (足) → feet
□ tooth (歯) → tooth □ mouse (ネズミ) → mice
□ deer (シカ) → deer □ fish (魚) → fish

115

| 05
31 | **interesting**
[íntərəstɪŋ] | 形 面白い、興味深い
▶「愉快な」という意味の「面白い」は funny と言う。 |

| 05
32 | **country**
[kʌ́ntri] | 名 国 |

| 05
33 | **most**
[móʊst] | 形 たいていの、大部分の
代 大部分
▶ 長い形容詞や副詞の前に置かれて最上級を作る使い方も
ある。 |

| 05
34 | **check**
[tʃék] | 動 (~を) 調べる、確認する |

| 05
35 | **thing**
[θíŋ] | 名 ① もの、持ち物 ② こと |

| 05
36 | **outside**
[àʊtsáɪd] | 副 外に [で]、外側に [で] (⇔inside)
前 ~の外で (⇔inside) |

| 05
37 | **something**
[sʌ́mθìŋ] | 代 何か
▶ 形容詞がつくときは something の後ろにつく。 |

| 05
38 | **remember**
[rɪmémbər] | 動 ① (~を) 覚えている ② (~を) 思い出す |

| 05
39 | **maybe**
[méɪbi] | 副 もしかすると (~かもしれない) |

| 05
40 | **French**
[frén tʃ]
▶▶▶ ✎ | 形 フランスの
名 ① フランス語 ② フランス人 |

✎ **国、言語、国民**
French は「フランスの」という意味の形容詞としても、「フランス語」「フランス人」という名詞としても使われます。国名の「フランス」は France です。英検ではさまざまな国名や言語名などが出題されるので、ここでまとめて見ておきましょう。

116

This novel is very **interesting**.	この小説はとても面白い。	Track 054
You should visit many **countries** while you are young.	若いうちに多くの国を訪れるべきだ。	
I stay at home **most** weekends.	たいていの週末、私は家にいる。	
Can you **check** the weather report?	天気予報を確認してもらえますか。	
Don't bring so many **things** when you travel.	旅行に行くのにそんなに多くのものを持っていくのはやめなさい。	
I'll wait for you **outside**.	外で待っています。	
Are you looking for **something**?	何かお探しですか。	
Do you **remember** our classmate Joe?	同級生のジョーを覚えていますか。	
Maybe you're right.	もしかするとあなたが正しいのかもしれない。	
We watched a **French** film.	私たちはフランス映画を見た。	

□ Italy [ítəli] イタリア →　　　□ Italian [ɪtǽljən] イタリアの；イタリア語；イタリア人
□ Spain [spéɪn] スペイン →　　□ Spanish [spǽnɪʃ] スペインの；スペイン語；スペイン人
□ Germany [ʤə́ːrməni] ドイツ → □ German [ʤə́ːrmən] ドイツの；ドイツ語；ドイツ人
□ China [ʧáɪnə] 中国 →　　　　□ Chinese [ʧàɪníːz] 中国の；中国語；中国人
□ Japan [ʤəpǽn] 日本 →　　　 □ Japanese [ʤæpəníːz] 日本の；日本語；日本人

| 05 41 | **airport**
[éərpɔ̀ːrt] | 名 空港 |

| 05 42 | **festival**
[féstəvl] | 名 祭り、フェスティバル |

| 05 43 | **clothes**
[klóuz] ⚠ 発音注意。 | 名 服
▶ 集合的に「衣服」を表す。 |

| 05 44 | **in**
[ín] | 前 ① ~後に、~たったら ② ~の中に [で] |

| 05 45 | **sometimes**
[sʌ́mtàımz] | 副 時々 |

| 05 46 | **vegetable**
[védʒtəbl]
▸▸▸✎ | 名 野菜 |

| 05 47 | **grandparent**
[grǽndpèərənt] | 名 祖父、祖母 |

| 05 48 | **sad**
[sǽd] | 形 悲しい |

| 05 49 | **begin**
[bɪɡín] | 動 ① 始まる ② ~を始める
▶ begin-began-begun と活用する。 |

| 05 50 | **sir**
[sə́ːr] | 名 [男性への呼びかけ] あなた、お客さま |

✎ **野菜名**
大雑把に言うと vegetable は「野菜」、fruit は「果物」です。ただし、英英辞典で tomato を見ると fruit としているものも多く、日本語と英語ではその区分は完全に一致しているわけではありません。ここでは細かいことは気にせず、具体的な野菜の名前を覚えていきましょう。

I will meet Peggy at the **airport** tomorrow.	明日、空港にペギーを迎えにいく予定だ。
This **festival** takes place every August.	この祭りは毎年 8 月に開催される。
I met a girl whose **clothes** were the same as mine.	私は自分と同じ服を着た女の子と出会った。
I'll be back **in** half an hour.	30 分後に戻ります。
I **sometimes** eat toast for breakfast.	私は時々朝食にトーストを食べる。
My mother grows some **vegetables** in the garden.	母は庭で野菜を育てている。
Ken visits his **grandparents** every summer.	ケンは毎年夏に祖父母を訪ねる。
We were **sad** to say goodbye.	私たちはさよならを言うのが悲しかった。
The meeting will **begin** at 3:30 p.m.	会議は午後 3 時半に始まる。
How was your meal, **sir**?	お客さま、お食事はいかがでしたか。

05
50 ▶

□ onion [ʌ́njən] タマネギ
□ pumpkin [pʌ́mpkɪn] カボチャ
□ potato [pətéɪtoʊ] ジャガイモ
□ cucumber [kjúːkʌ̀mbər] キュウリ
□ mushroom [mʌ́ʃruːm] キノコ
□ lettuce [létəs] レタス
□ carrot [kérət] ニンジン
□ tomato [təméɪtoʊ] トマト
□ radish [rǽdɪʃ] ラディッシュ、ダイコン

119

05 51	**better** [bétər]	形 よりよい 副 よりよく ▸ p. 100 のミニコラムも参照。
05 52	**arrive** [əráɪv]	動 到着する ▸ arrive at ~ の項目（0978）、arrive in ~ の項目（1028） 　も参照。
05 53	**hike** [háɪk]	動 ハイキングをする
05 54	**cousin** [kʌ́zn] ▸▸▸⟋	名 いとこ
05 55	**end** [énd]	動 ① 終わる　② ~を終える 名 ① 終わり　② 先端
05 56	**closed** [klóʊzd]	形 閉まった、閉店した
05 57	**dish** [díʃ]	名 ① 皿　② 料理
05 58	**event** [ɪvént] ▲ アクセントは ve の位置。	名 出来事、イベント
05 59	**university** [jùːnəvə́ːrsəti]	名 （総合）大学
05 60	**daughter** [dɔ́ːtər]	名 娘

✎ **親族名称**
cousin（いとこ）はつづりと発音が結びつきづらいので、きちんと覚えておきましょう。そのほか、3級では
father（父）、mother（母）以外にも以下のような親族名称が登場します。まとめて覚えておきましょう。

Your idea is **better** than mine.	あなたのアイデアは私のよりよい。
We **arrived** here at about 4:00 p.m.	私たちは午後4時ごろここに到着した。
She goes **hiking** in the mountains every Saturday.	彼女は毎週土曜日に山にハイキングをしに行く。
Joe has ten **cousins**.	ジョーには10人のいとこがいる。
The concert **ends** at 5:00 p.m.	そのコンサートは午後5時に終わる。
The museum is **closed** on Mondays.	その博物館は月曜日は閉館している。
Can you wash the **dishes** for me?	お皿を洗ってくれる?
There is a sports **event** in the park tomorrow.	明日公園でスポーツのイベントがある。
My brother will go to **university** in Germany next year.	兄は来年、ドイツの大学に行く。
They have three **daughters**.	彼らには3人の娘がいる。

05
60 ▶

□ grandfather [grǽnfɑ̀:ðər] 祖父
□ grandparent [grǽndpèərənt] 祖父、祖母
□ granddaughter [grǽndɔ̀:tər] 孫娘
□ aunt [ǽnt] おば
□ daughter [dɔ́:tər] 娘

□ grandmother [grǽnmʌ̀ðər] 祖母
□ grandson [grǽnsʌ̀n] 孫息子
□ uncle [ʌ́ŋkl] おじ
□ son [sʌ́n] 息子

121

05 61	**website** [wébsàɪt]	名 ウェブサイト

05 62	**same** [séɪm]	形 同じ 代 同じもの ► be the same as ~ の項目 (0861) も参照。

05 63	**wife** [wáɪf]	名 妻

05 64	**Internet** [íntərnèt]	名 インターネット ► on the Internet で「ネット上で」という意味。

05 65	**holiday** [háːlədèɪ]	名 ① 休暇、休み ② 休日

05 66	**important** [ɪmpɔ́ːrtnt]	形 重要な 名 importance 重要性

05 67	**photo** [fóʊtoʊ]	名 写真

05 68	**dress** [drés]	名 ① ワンピース ② ドレス 動 ~に服を着せる ► be dressed で「服を着ている」という意味。

05 69	**wedding** [wédɪŋ] ▸▸▸✎	名 結婚式

05 70	**theater** [θíːətər]	名 劇場、映画館

✎ **イベント関連の語**

wedding は「結婚式」という意味。wedding dress (ウェディングドレス) や wedding cake (ウェディングケーキ) は日本語にもなっているのでおなじみでしょう。3 級には出ていませんが、「結婚」は marriage と言います。ここではさまざまなイベント関連の語を見ておきましょう。

Please check our **website** for more information.	詳しくは当社のウェブサイトをご覧ください。
They went to the **same** college.	彼らは同じ大学に通った。
Mr. Parker brought his **wife** to the party.	パーカー氏は妻をパーティーに連れてきた。
I sometimes buy books **on the Internet**.	私は時々インターネット上で本を買う。
Do you have any plans for the winter **holidays**?	冬休みの予定はありますか。
Sleeping well at night is **important**.	夜よく眠ることは大切だ。
My grandfather sometimes takes **photos** of flowers.	祖父は時々、花の写真を撮る。
She wore a blue **dress** to the party.	彼女はパーティーに青いワンピースを着ていった。
They had a small **wedding** at a church.	彼らは教会で小さな結婚式を挙げた。
They only show old movies at the **theater**.	その映画館は古い映画しか上映しない。

□ celebration [sèləbréɪʃən] お祝い   □ concert [ká:nsərt] コンサート
□ speech contest [spíːtʃ kà:ntest] スピーチコンテスト   □ competition [kà:mpətíʃən] 競技会、試合
□ carnival [ká:rnəvl] カーニバル   □ camping [kæmpɪŋ] キャンプ

123

05 71	**farm** [fá:rm]	名 農場、農園 ▶ 田畑と住居、納屋などを含む。「農場に [で]」と言うとき は on a farm と前置詞に on を使うことが多い。 名 farmer 農場主、農家
05 72	**jog** [ʤá:g]	動 ジョギングをする 名 jogging ジョギング
05 73	**snack** [snǽk]	名 ① おやつ ② 軽食
05 74	**member** [mémbər]	名 一員、メンバー
05 75	**race** [réɪs]	名 競走、レース
05 76	**half** [hǽf] ▸▸▸	形 半分の 名 半分
05 77	**sale** [séɪl]	名 ① バーゲンセール、安売り ② 販売
05 78	**husband** [hʌ́zbənd]	名 夫
05 79	**news** [n(j)ú:z] ⚠ 発音注意。	名 ① ニュース、知らせ ② ニュース番組
05 80	**building** [bíldɪŋ]	名 建物、ビル 動 build ~を建てる、建築する

📖 **half の使い方**

まずは half の発音に注意しましょう。p. 012 で「読まない文字」について説明しましたが、half の l も発音し
ません。次に使い方です。上の例文のように、名詞の前に置かれる場合はふつうですが、30 分 (半時間) と言う
場合は half an hour という語順になります。a half hour とは言いません。ところが 1 時間半だと an hour
and a half と言います。理屈で考えても混乱するだけなので、右ページの例文をそのまま覚えてしまいましょう！

2024年度からの英検®リニューアル内容（日本英語検定協会 HP より転載）

級	一次試験				二次試験
	筆記試験			Listening	Speaking
	Reading	Writing	試験時間		
1級	**41問→35問** ・大問 1：短文の語句空所補充 → 3問削除（単語問題） ・大問 3：長文の内容一致選択 → 3問削除（設問 No. 32-34）	英作文問題の出題を **1題から 2題に増加** 既存の「意見論述」 の出題に加え、「要 約」問題を出題	変更なし （100分）	変更なし	変更なし
準1級	**41問→31問** ・大問 1：短文の語句空所補充 → 7問削除（単語問題） ・大問 3：長文の内容一致選択 → 3問削除（設問 No. 32-34）	英作文問題の出題を **1題から 2題に増加** 既存の「意見論述」 の出題に加え、「E メール」問題を出題	変更なし （90分）	変更なし	受験者自身の意 見を問う質問 （No. 4）に話題 **導入文を追加**
2級	**38問→31問** ・大問 1：短文の語句空所補充 → 3問削除（文法問題など） ・大問 3B：長文の内容一致選択 → 4問削除（設問 No. 30-33）	英作文問題の出題を **1題から 2題に増加** （85分）	変更なし （85分）	変更なし	変更なし
準2級	**37問→29問** ・大問 1：短文の語句空所補充 → 5問削除（熟語・文法問題など） ・大問 3B：長文の内容一致選択 → 3問削除（設問 No. 28-30）	英作文問題の出題を **1題から 2題に増加**	時間延長 （75→80分）	変更なし	変更なし
3級	変更なし	英作文問題の出題を **1題から 2題に増加** 既存の出題に加え、「E メール」問題を出題	時間延長 （50→65分）	変更なし	変更なし

2024年度から
1〜3級の英検®が変わる！

大きく変わるのは

1級	準1級	2級	››› ライティング問題
2級			››› 「要約」問題が新設
準2級	3級		››› 「Eメール」問題が新設

＼ジャパンタイムズ出版の特設サイトが
英検®の最新情報と対策方法を無料公開中／

特設サイト
http://jt-pub.com/eiken2024renewal

Naomi lived on a large **farm**.	ナオミは広大な農場に住んでいた。
I love going **jogging** in the morning.	私は朝ジョギングに行くのが好きだ。
Andrew often eats yogurt as an afternoon **snack**.	アンドリューはよく午後のおやつにヨーグルトを食べる。
Each **member** will be given a club card.	各メンバーには会員カードが与えられる。
She is going to take part in a bike **race** next month.	彼女は来月、自転車レースに出場する。
Hamburgers are **half** price on Mondays.	ハンバーガーは月曜日は半額です。
The end of the year **sales** started yesterday.	昨日、年末のセールが始まった。
Emily's **husband** is very kind.	エミリーの夫はとても親切だ。
I have some big **news**.	大きなニュースがあるんです。
This **building** is over 300 years old.	この建物は建って 300 年以上たつ。

I'll be back in half an hour. (30分したら戻ります)
It takes an hour and a half by car from here to Kyoto. (ここから京都まで車で1時間半かかる)
The meeting lasted for two and a half hours. (会議は2時間半続いた)
My mother cut the pizza in half. (母はピザを半分に切った)

05 81	**notice** [nóʊtəs]	名 通知 動 ~に気がつく
05 82	**however** [haʊévər]	副 ① しかしながら ② どんなに~しても
05 83	**wonderful** [wʌ́ndərfl]	形 素晴らしい
05 84	**apartment** [əpáːrtmənt]	名 アパート (の貸室) ▶ アパートの建物全体は apartment house と言う。
05 85	**must** [mʌ́st]	助 ~しなければならない
05 86	**windy** [wíndi] ▶▶▶ ✎	形 風の強い 名 wind 風
05 87	**locker** [láːkər] ⚠ 発音注意。	名 ロッカー
05 88	**paper** [péɪpər]	名 ① 紙 ② [複数形で] 書類、文書
05 89	**water** [wɔ́ːtər]	動 ~に水をやる 名 水
05 90	**gift** [gíft]	名 贈り物、プレゼント (≒ present)

✎ **天候関連の語**
windy (風の強い) は wind (風) に -y がついてできた語。右ページに挙げたように、同じようにしてできた天候関連の語はたくさんあります。ここでは本書で見出し語として取り上げなかった天候関連の語をまとめて見ておきましょう。

The **notice** was sent to all members.	通知はメンバー全員に送られた。
The movie I saw last week was **wonderful**.	先週見た映画は素晴らしかった。
They practiced very hard. **However**, they still lost the game.	彼らは一生懸命に練習した。しかしながら、それでも試合に負けた。
The movie I saw last week was **wonderful**.	先週見た映画は素晴らしかった。
My **apartment** is on the fifth floor.	私のアパートは5階にある。
You **must** be 18 or older to become a member.	会員になるには18歳以上である必要があります。
It is very **windy** today.	今日はとても風が強い。
Victor put his bag in the **locker**.	ヴィクターはバッグをロッカーに入れた。
Please write your name on this **paper**.	この紙にあなたの名前を書いてください。
If you **water** the plants too much, they will die.	植物に水をやりすぎると枯れてしまう。
This hat was a **gift** from my sister.	この帽子は姉からのプレゼントだ。

□ cold [kóʊld] 寒い
□ cloudy [kláʊdi] 曇った
□ stormy [stɔ́:rmi] 嵐の
□ hurricane [hə́:rəkèɪn] ハリケーン
□ sunny [sʌ́ni] 晴れた
□ rainy [réɪni] 雨の
□ typhoon [taɪfú:n] 台風
□ rainbow [réɪnbòʊ] 虹

05 91	**sweater** [swétər] ▲ 発音注意。	名 セーター

05 92	**writer** [ráɪtər]	名 作家、著者、ライター

05 93	**funny** [fʌ́ni]	形 面白い、愉快な ► 「興味深い」という意味の「面白い」は interesting と言う。 名 fun 楽しみ

05 94	**fly** [flái]	動 ① 飛行機で行く、飛ぶ ② ～を飛ばす ► fly-flew-flown と活用する。

05 95	**poster** [póʊstər] ▲ 発音注意。	名 ポスター

05 96	**plant** [plǽnt] ▶▶▶✐	動 ～を植える 名 ① 植物 ② 工場

05 97	**price** [práɪs]	名 値段

05 98	**plane** [pléɪn]	名 飛行機 ► airplane とも言う。

05 99	**tour** [túər]	名 (周遊) 旅行、ツアー 名 tourist 観光客

06 00	**person** [pə́ːrsn]	名 人 ► 複数の場合はふつう people を使う。

✐ **植物関連の語**

「動物」は animal、「植物」は plant と言います。plant は「～を植える」という動詞としてもよく使われるので覚えておいてください。3 級ではそれほど多くの植物名は登場しませんが、植物の部位と共に代表的なものを覚えておきましょう。

Mandy likes her green **sweater**.	マンディは緑色のセーターがお気に入りだ。
He works as a **writer** for the local newspaper.	彼は地元新聞のライターとして働いている。
His story was not **funny** at all.	彼の話はまったく面白くなかった。
We **flew** to Osaka and took the ferry from there.	私たちは大阪まで飛行機で行き、そこからフェリーに乗った。
Ryan made a **poster** for the school festival.	ライアンは学園祭のポスターを作った。
Heather **planted** some flowers in the garden.	ヘザーは庭に花を植えた。
I got this jacket for a really low **price**.	私はこのジャケットを本当に安い値段で手に入れた。
His **plane** ticket to Brazil was 900 dollars.	彼のブラジル行きの飛行機のチケットは 900 ドルだった。
They took a **tour** of Seoul.	彼らはソウルツアーに参加した。
The first **person** who finished the test was Michael.	試験を最初に終えた人はマイケルだった。

□ flower [fláuər] 花
□ leaf [líːf] 葉
□ rose [róuz] バラ
□ sunflower [sánflàuər] ヒマワリ
□ herb [háːrb] 薬草、ハーブ
□ blossom [blá:səm] (果樹の) 花
□ root [rúːt] 根
□ cherry [ʧéri] サクラ
□ bamboo [bæmbúː] 竹

129

06 01	**painting** [péɪntɪŋ] ▸▸▸✎	名 絵、絵画
06 02	**classmate** [klǽsmèɪt]	名 同級生
06 03	**customer** [kʌ́stəmər]	名 (店などの) 客 ▸ ホテルやパーティーなどの「客」は guest と言う。
06 04	**someday** [sʌ́mdèɪ]	副 いつか
06 05	**grade** [gréɪd]	名 ① 成績 ② 学年
06 06	**son** [sʌ́n]	名 息子
06 07	**glasses** [glǽsɪz]	名 メガネ ▸ sunglasses (サングラス) もあわせて覚えておこう。
06 08	**both** [bóʊθ]	代 両方 形 両方の
06 09	**steak** [stéɪk]	名 ステーキ
06 10	**perfect** [pə́ːrfɪkt]	形 完ぺきな、完全な 副 perfectly 完ぺきに

✎ **芸術関連の語**
painting は「絵」という意味ですが、「paint (絵の具で描く) したもの」なので、線画ではなく油絵 (や水彩画) を指します。鉛筆、ペンなどで描いた「線画」は drawing と言います。ここでは芸術関連の語を見ておきましょう。

There are many famous **paintings** at this museum.	この美術館には有名な絵画がたくさんある。
The rock band is popular among my **classmates**.	そのロックバンドは私の同級生の間で人気がある。
The shop had over 100 **customers** today.	その店には今日、100人を超す客が来た。
My dream is to become a jazz singer **someday**.	私の夢はいつかジャズシンガーになることだ。
Jonathan has the best **grades** in his class.	ジョナサンはクラスで一番よい成績をとっている。
He has three young **sons**.	彼には幼い息子が3人いる。
Danielle started wearing **glasses** last year.	ダニエルは去年、メガネをかけ始めた。
Jill and Yuko were **both** late to the party.	ジルとユウコは二人ともパーティーに遅刻した。
Justin's favorite dish is **steak**.	ジャスティンの一番好きな料理はステーキだ。
She got a **perfect** score on the math test.	彼女は数学のテストで満点を取った。

□ drawing [drɔ́:ɪŋ] デッサン、線画
□ concert hall [ká:nsərt hɔ̀:l] コンサートホール、音楽堂
□ jazz [dʒǽz] ジャズ
□ statue [stǽtʃu:] 像
□ band [bǽnd] バンド
□ ballet [bæléɪ] バレエ

06 11	**careful** [kéərfl]	形 注意深い ► care (注意) + -ful (満ちた) でできた語。 名 care 注意 副 carefully 注意深く
06 12	**lake** [léık]	名 湖
06 13	**part-time** [pùːrttáım]	形 パートタイムの、非常勤の (⇔full-time)
06 14	**bakery** [béıkəri]	名 パン屋
06 15	**medicine** [médəsn]	名 ① 薬 ② 医学 形 medical 医療の
06 16	**pretty** [príti]	副 かなり、けっこう 形 かわいい
06 17	**uniform** [júːnəfɔːrm]	名 制服、ユニフォーム
06 18	**sugar** [ʃúgər] ▸▸▸	名 砂糖
06 19	**radio** [réıdiou] ⚠ 発音注意。	名 ラジオ
06 20	**salesclerk** [séılsklòːrk]	名 店員、販売員

調味料
sugar (砂糖) は重要な調味料の一つですね。英語では調味料は seasoning と言います (3 級では出ていませんが)。ここでは 3 級で登場した調味料の名前を見ておきましょう (ここでは「調味料」という言葉を多少広い意味で取っています。)

Be **careful** when you use knives.	ナイフを使うときには気をつけなさい。
He takes a walk around the **lake** every morning.	彼は毎朝その湖の周りを散歩する。
The shop is looking for **part-time** workers.	その店はパートの従業員を募集している。
Belinda buys bread at the local **bakery** every evening.	ベリンダは、毎晩地元のパン屋でパンを買う。
This **medicine** will make you feel better.	この薬を飲めば具合がよくなりますよ。
It is **pretty** cold outside this morning.	今朝は、外はかなり寒い。
Our volleyball team is wearing new **uniforms**.	私たちのバレーボールチームは新しいユニフォームを着ている。
I do not put **sugar** in my coffee.	私はコーヒーに砂糖を入れない。
He first heard the song on the **radio**.	彼はその歌をラジオで初めて聞いた。
All the **salesclerks** at that store are friendly.	その店の店員は皆フレンドリーだ。

□ salt [sɔ́:lt] 塩　　□ pepper [pépər] コショウ　　□ herb [hɔ́:rb] 薬草、ハーブ
□ dressing [drésɪŋ] ドレッシング　　□ sauce [sɔ́:s] ソース　　□ ketchup [kétʃəp] ケチャップ

133

06 21	**P.E.** [píːíː] ▸▸▸✎	名 体育
06 22	**rock** [rάːk]	名 ① ロック（音楽）② 岩
06 23	**snowy** [snóʊi]	形 雪の降る、雪が多い
06 24	**convenience store** [kənvíːnjəns stɔ̀ːr]	名 コンビニエンスストア
06 25	**island** [áɪlənd] ⚠ 発音注意。	名 島
06 26	**somewhere** [sʌ́mwèər]	副 どこかに、どこかで
06 27	**captain** [kǽptən]	名 ① 主将、キャプテン ② 機長、船長
06 28	**marathon** [mǽrəθὰːn] ⚠ アクセント注意。	名 マラソン
06 29	**salt** [sɔ́ːlt]	名 塩
06 30	**top** [tάːp]	名 ① 頂上 ② 上部 形 一番上の

✎ **科目**

P.E. (体育) は physical education の略です。しかし 3 級ではもっぱら P.E. の形で出題されています。英検でも世相を反映して hip-hop dance (ヒップホップダンス) の話題が出たりするようになってきています。ここでは科目を表す語を見ておきましょう。

We did judo in **P.E.** today.	今日は体育で柔道をやった。
She goes to a famous **rock** music festival every summer.	彼女は毎年夏に有名なロック音楽祭に行く。
We had a **snowy** winter this year.	今年の冬は雪が多かった。
She has a part-time job at a **convenience store**.	彼女はコンビニエンスストアでアルバイトをしている。
Clara grew up on a small **island** in Okinawa.	クララは沖縄の小さな島で育った。
Why don't we go **somewhere** for lunch?	どこかへお昼を食べに行きませんか。
Jake became the **captain** of the basketball team.	ジェイクはそのバスケットボールチームのキャプテンになった。
He ran in a **marathon** for the first time last year.	彼は去年、初めてマラソンを走った。
She does not use much **salt** when she cooks.	彼女は料理をするときあまり塩を使わない。
We could see the ocean from the **top** of the mountain.	山の頂上からは海が見えた。

Track 063

□ math [mǽθ] 数学
□ social studies [sóuʃəl stʌ́diz] 社会 (科)
□ English [íŋglɪʃ] 英語
□ music [mjúːzɪk] 音楽
□ science [sáɪəns] 理科、科学
□ history [hístəri] 歴史
□ art [ɑ́ːrt] 美術・芸術

135

06 31	**easily** [í:zəli]	副 簡単に、たやすく 形 easy 簡単な
06 32	**anywhere** [éniwèər]	副 ① [平叙文で] どこでも、どこにも ② [疑問文で] どこかに
06 33	**adult** [ədʌ́lt]	名 大人、成人 (⇔ child) 形 大人の、成人した
06 34	**stew** [st(j)úː]	名 シチュー
06 35	**welcome** [wélkəm]	動 ～を歓迎する
06 36	**experience** [ɪkspíəriəns]	名 経験 動 ～を経験する
06 37	**suitcase** [súːtkèɪs]	名 スーツケース
06 38	**war** [wɔ́ːr]	名 戦争
06 39	**hometown** [hòʊmtáʊn]	名 地元の町、故郷
06 40	**fridge** [fríʤ] ▸▸▸ 🖉	名 冷蔵庫

🖉 **家電関連の語**

fridge は refrigerator (冷蔵庫) の略語ですが、日常では fridge のほうがよく使われ、3 級でもこの形で出題されています。「携帯電話」は cell phone と覚えていると思いますが、英語では phone だけで済ませることも少なくありません。日本語で「携帯」で済ませるのと同じですね。ここでは家電関連の語を見ておきましょう。(air conditioner は未出題語。)

The old chair broke very **easily**.	その古いいすはとても簡単に壊れた。
We deliver things **anywhere** in the country.	私たちは国内のどこにでもものを配達します。
It costs 75 dollars for two **adults** and one child.	大人2人と子ども1人で75ドルだ。
Winter is the perfect season for **stew**.	冬はシチューにぴったりの季節だ。
The hotel staff **welcomed** the guests with smiles.	ホテルのスタッフは宿泊客を笑顔で迎えた。
Studying in England was a good **experience** for me.	イギリスに留学したことは私にとっていい経験になった。
Cathy lost her **suitcase** during the trip.	キャシーは旅行中にスーツケースをなくした。
The two countries went to **war**.	その2つの国は戦争になった。
He plans to return to his **hometown** during summer vacation.	彼は夏休みの間、故郷に帰る予定だ。
This **fridge** is too small for a family of four.	この冷蔵庫は4人家族には小さすぎる。

□ light [láɪt] 明かり、照明
□ air conditioner [éər kəndíʃənər] エアコン
□ fan [fǽn] 扇風機、うちわ
□ TV [tìːvíː] テレビ
□ heater [híːtər] 暖房、ヒーター
□ washing machine [wáʃɪŋ məʃíːn] 洗濯機

137

06 41	**cell phone** [sél fòun]	名 携帯電話

06 42	**machine** [məʃíːn]	名 機械

06 43	**staff** [stǽf]	名 職員、従業員、スタッフ ▸ 集合的に「職員」を意味する。「一人ひとりの職員」は a staff member あるいは a member of the staff と言う。

06 44	**mushroom** [mʌ́ʃruːm]	名 キノコ

06 45	**bottle** [bɑ́ːtl]	名 びん ▸ a bottle of ～ の項目 (0940) も参照。

06 46	**owner** [óunər]	名 所有者、オーナー 動 own ～を所有している

06 47	**strange** [stréindʒ]	形 奇妙な、変な

06 48	**sightseeing** [sáitsìːiŋ]	名 観光

06 49	**sometime** [sʌ́mtàim]	副 ① (未来の) いつか、近いうちに ② (過去の) あるとき ▸ sometimes (時々) と混同しないようにしよう。

06 50	**noon** [núːn]	名 正午、昼の 12 時 ▸「夜の 12 時」は midnight。

✐ **文法問題を攻略する (10)**
次の予想問題を解いてみましょう。
I have a cousin in France. She will (　　) from college next month.
1 graduates 2 graduated 3 graduate 4 graduating

Jennifer got her first **cell phone** when she was 12.	ジェニファーは 12 歳のとき、初めて携帯電話を手にした。
There are many dangerous **machines** in this factory.	この工場には危険な機械がたくさんある。
The company is always looking for new **staff**.	その会社は常に新しい従業員を探している。
Be careful when you pick wild **mushrooms**.	野生のキノコを採るときは注意してください。
Our town recycles cans and **bottles**.	私たちの町では缶とびんをリサイクルしている。
Mr. Allan is an **owner** of some restaurants and cafés.	アラン氏はいくつかのレストランとカフェのオーナーだ。
I heard **strange** noises from outside.	外から変な音が聞こえた。
I visited Italy last year for **sightseeing**.	去年、観光でイタリアを訪れた。
See you again **sometime** later this year.	年内にいつかまた会いましょう。
Jean always eats lunch at exactly **noon**.	ジャンはいつも正午ちょうどに昼食を食べる。

Track
065

06
50 ▶

選択肢に並ぶ graduate は「卒業する」という意味。空欄直前の will に注目しましょう。will は can や must、should などと同じように助動詞です。「助動詞の後ろには動詞の原形がくる」というのがルールです。正解は3。「私はフランスにいとこがいます。彼女は来月、大学を卒業します。」

139

06 51	**astronaut** [ǽstrənɔ̀ːt]	名 宇宙飛行士

06 52	**scary** [skéəri]	形 怖い、恐ろしい 動 scare ~を怖がらせる

06 53	**lady** [léɪdi]	名 女性、婦人 ► woman よりも丁寧な語。

06 54	**meal** [míːl] ▶▶▶✎	名 食事

06 55	**oven** [ʌ́vn] ⚠ 発音注意。	名 オーブン

06 56	**president** [prézədənt]	名 ① 大統領 ② 社長

06 57	**fix** [fíks]	動 ① ~を修理する ② 〈問題〉を解決する

06 58	**exam** [ɪgzǽm]	名 試験、テスト ► examination を略した語。

06 59	**comedy** [káːmədi]	名 喜劇、コメディー

06 60	**several** [sévrəl]	形 いくつかの ► 2 よりは多く、many よりは少ない。

✐ **食品を表す語**
meal は「食事」です。breakfast（朝食）も lunch（昼食）も dinner（夕食）もすべて meal です。3 級は非常にさまざまな食品が登場しますが、ここでは代表的なものを見ておきましょう。

Yuri Gagarin was the first **astronaut** in space.	ユーリ・ガガーリンは宇宙に行った最初の宇宙飛行士だった。
He told the children a **scary** story.	彼は子どもたちに怖い話をした。
That **lady** wearing a big hat is my aunt.	大きな帽子をかぶったあの女性は私のおばです。
Breakfast is the most important **meal** of the day for me.	私にとって朝食は一日で最も大切な食事だ。
Sally forgot to turn on the **oven**.	サリーはオーブンのスイッチを入れ忘れた。
She was the country's first female **president**.	彼女はその国初の女性の大統領だった。
My father **fixed** my bike.	父は私の自転車を修理してくれた。
Eric has a history **exam** tomorrow.	エリックは明日、歴史の試験がある。
Arthur loves to watch **comedy** movies.	アーサーはコメディー映画を見るのが好きだ。
I've been to the United States **several** times.	私は何度かアメリカに行ったことがある。

□ bread [bréd] パン
□ hamburger [hǽmbə̀:rgər] ハンバーガー
□ doughnut [dóunət] ドーナツ
□ pork [pɔ́:rk] 豚肉
□ juice [ʤú:s] ジュース

□ sandwich [sǽndwɪʧ] サンドイッチ
□ pizza [pí:tsə] ピザ
□ noodle [nú:dl] めん
□ sausage [sɔ́(:)sɪʤ] ソーセージ

06 61	**subway** [sʌ́bwèɪ]	名 地下鉄 ▶ sub-(下の) + way(道)でできた語。

06 62	**foreign** [fɑ́:rən] ⚠ 発音注意。	形 外国の 名 foreigner 外国人

06 63	**horror** [hɔ́:rər]	形 恐怖の、ホラーの 名 恐怖

06 64	**throw** [θróʊ] ▸▸▸⌀	動 ~を投げる ▶ throw-threw-thrown と活用する。

06 65	**button** [bʌ́tn] ⚠ 発音注意。	名 ① (機械などの) 押しボタン ② (衣類の) ボタン

06 66	**walk** [wɔ́:k]	動 ① ~を散歩させる ② 歩く 名 散歩

06 67	**temple** [témpl]	名 寺

06 68	**local** [lóʊkl]	形 地元の、その地方の ▶「全国的な」は national。

06 69	**sincerely** [sɪnsíərli]	副 心から；(手紙の結びで) 敬具

06 70	**actually** [ǽktʃuəli]	副 ① 実は ② 実際に

✐ **不規則活用はきちんと覚える (2)**
動詞 throw は語注に書いたように throw-threw-thrown と不規則活用する動詞です。p. 014 でも不規則活用する動詞を取り上げましたが、ここでも 3 級で出題されているいくつかの不規則活用動詞を見ておきましょう。

I took the **subway** to the airport.	私は地下鉄に乗って空港に行った。
A lot of **foreign** tourists visit Kyoto every year.	毎年多くの外国人観光客が京都を訪れる。
Richard does not like **horror** movies.	リチャードはホラー映画が好きではない。
She **threw** her toy at me.	彼女は私におもちゃを投げつけた。
Please push this **button** when you are ready to order.	注文が決まったらボタンを押してください。
Sara **walks** her dog three times a day.	サラは1日に3回犬を散歩させる。
The **temple** is very crowded in spring.	その寺院は、春はとても混雑している。
Tanya owns a **local** café.	ターニャは地元のカフェのオーナーだ。
I **sincerely** hope you get better soon.	早く回復されることを心から願っています。
Actually, I'm getting married to Yuko in June.	実は、6月にユウコと結婚するんだ。

□ put (～を置く) → put-put-put
□ send (～を送る) → send-sent-sent
□ speak (～を話す) → speak-spoke-spoken
□ think (～と考える) → think-thought-thought
□ sell (～を売る) → sell-sold-sold
□ sit (座る) → sit-sat-sat
□ tell (～と言う) → tell-told-told

143

06 71	**anyway** [éniwèɪ]	副 とにかく

06 72	**firework** [fáɪərwə̀ːrk]	名 花火、花火大会 ▶ ふつう複数形で使う。

06 73	**amazing** [əméɪzɪŋ]	形 驚くほどの、素晴らしい 動 amaze 〜をびっくりさせる

06 74	**costume** [káːst(j)uːm] ▸▸▸✎	名 衣装

06 75	**kid** [kíd]	名 子ども

06 76	**mystery** [místəri]	名 ① 推理小説、ミステリー、 　　[形容詞的に] 推理ものの ② 謎、神秘 形 mysterious 不可解な、神秘的な

06 77	**musical** [mjúːzɪkl]	名 ミュージカル 形 音楽の

06 78	**adventure** [ədvéntʃər]	名 冒険

06 79	**ground** [ɡráʊnd]	名 地面

06 80	**court** [kɔ́ːrt]	名 (テニスなどの) コート ▶ 服の「コート」は coat なので混同しないように注意。

✎ **服飾関連の語**
costume は「(特に舞台やパーティー用の) 衣装」のこと。ふだん着る「服装」は clothes と言います。ちなみに「コスチューム・プレイ」を略してできた「コスプレ」という言葉は英語に逆輸入され、cosplay という見出し語を載せている英英辞典もあります。3 級では今のところ出題されていませんが、ここでは服飾関連の語を見ておきましょう。

Anyway, thank you again for inviting me.	とにかく、招待してくれてありがとう。
Cindy went to see the **fireworks** with her friends.	シンディは友だちと花火大会を見に出かけた。
Their ballet performance was **amazing**.	彼らのバレエの演技は素晴らしかった。
The children wear **costumes** for Halloween.	子どもたちはハロウィーンの衣装を着ている。
The park is crowded with **kids** on weekends.	その公園は週末には子どもたちでにぎわう。
When she cannot sleep, she reads **mystery** novels.	眠れないとき、彼女は推理小説を読む。
Yesterday, my uncle took me to a **musical**.	昨日、おじがミュージカルに連れていってくれた。
The trip to Africa was a great **adventure** for them.	アフリカ旅行は彼らにとって大冒険だった。
He put the soccer ball on the **ground**.	彼は地面にサッカーボールを置いた。
Some tennis players are practicing on the **court**.	何人かのテニス選手がコートで練習している。

□ jacket [ʤǽkɪt] ジャケット、上着
□ pants [pǽnts] ズボン
□ sunglasses [sʌ́nglæsɪz] サングラス
□ scarf [skɑ́ːrf] マフラー、スカーフ
□ belt [bélt] ベルト
□ T-shirt [tíːʃə̀ːrt] Tシャツ
□ jeans [ʤíːnz] ジーンズ
□ tie [tái] ネクタイ
□ pocket [pɑ́ːkət] ポケット
□ shoes [ʃúːz] 靴

06 81	**final** [fáɪnl]	形 最終的な、最後の 名 決勝戦 ▶ final exam（期末試験）という表現も覚えておこう。 副 finally 最後に、やっと
06 82	**rest** [rést]	動 休む 名 ① 休み ② 残り
06 83	**swimsuit** [swímsùːt]	名 水着 ▶ ワンピース型の女性用のものを指す。
06 84	**city hall** [síti hɔ́ːl]	名 市役所
06 85	**marry** [mǽri] ▶▶▶✎	動 ～と結婚する 名 marriage 結婚 形 married 既婚の
06 86	**suit** [súːt]	名 スーツ
06 87	**copy** [kɑ́ːpi]	名 ① コピー、写し ② （本などの）1 部 動 ① ～をコピーする、写す ② ～をまねる ▶ make a copy of ～ で「～をコピーする、～の写しをとる」 という意味。
06 88	**worker** [wə́ːrkər]	名 労働者、作業者、社員
06 89	**video** [vídiòu]	名 ビデオ、動画
06 90	**homestay** [hóumstèɪ]	名 ホームステイ

✎ **前置詞不要の動詞**

　marry は「～と結婚する」という意味の動詞です。気をつけなければいけないのは、「彼女はトムと結婚した」という場合、（×）She married with Tom. とは言わない、ということです。日本語で「～と」とあるので with を入れたくなってしまいますが、正しくは She married Tom. あるいは She got married to Tom. と言います。同じように「～に」とあるのに to を使わない例を見ておきましょう。

The project has entered its **final** stage.	プロジェクトは最終段階に入った。
You should **rest** if you're still feeling sick.	まだ気分が悪いなら、休んだほうがいいですよ。
Agnes buys a new **swimsuit** every summer.	アグネスは毎年夏に新しい水着を買う。
Devin works at **City Hall**.	デヴィンは市役所で働いている。
He **married** Linda last year.	彼は去年リンダと結婚した。
Everyone at this company has to wear a **suit**.	この会社では皆スーツを着なければならない。
Please **make** 12 **copies of** this document.	この書類を 12 部コピーしてください。
The factory is looking for some **workers**.	その工場では労働者を募集している。
Dahl watched **videos** online for hours.	ダールはオンラインで何時間も動画を視聴した。
Glen did a **homestay** in Portugal.	グレンはポルトガルでホームステイをした。

If you have any questions, please **contact** me. (質問があったら私にご連絡ください)
What time does this train **reach** Osaka station? (この電車は大阪駅に何時に着きますか)
He was not able to **answer** the question. (彼はその問題に答えることができなかった)

06 91	**cancel** [kǽnsl]	動 ~を中止する、キャンセルする

06 92	**friendly** [fréndli]	形 親切な、人なつっこい ▶ -ly で終わるが形容詞。

06 93	**wild** [wáɪld]	形 野生の

06 94	**lost** [lɔ́(:)st]	形 ① 道に迷った ② 行方不明の、なくなった ▶ get lost の項目（1072）も参照。

06 95	**living room** [lívɪŋ rùːm]	名 居間

06 96	**factory** [fǽktəri]	名 工場

06 97	**fashion** [fǽʃən]	名 流行、ファッション

06 98	**comic book** [káːmɪk bùk]	名 漫画（本）

06 99	**wood** [wúd] ▶▶▶ 🖉	名 木材

07 00	**principal** [prínsəpl]	名 校長

🖉 **さまざまな素材を表す語**

「このいすは木でできている」と言うときは、（×）This chair is made of tree. とは言いません。材料としての「木」つまり「木材」は wood と言います。「木製の」という意味の wooden という形容詞もあります。ここではさまざまな素材を表す語を見ておきましょう。

If it rains tomorrow, we'll have to **cancel** the event.	もし明日雨が降ったら、私たちはイベントを中止しなければならない。
Her classmates are all **friendly** to her.	彼女の同級生は皆、彼女に親切だ。
You can see many **wild** tigers in the area.	その地域では多くの野生のトラを見ることができる。
The group returns **lost** pets back to their owners.	そのグループは迷子になったペットを飼い主のところに戻している。
Their new house has a very large **living room**.	彼らの新居にはとても広い居間がある。
The **factory** is making about 10,000 desks every year.	その工場は毎年机を約1万個製造している。
Hannah will be in a **fashion** show next week.	ハンナは来週、ファッションショーに出る。
The **comic book** was really funny.	その漫画はとても面白かった。
This chair is made of **wood**.	このいすは木製だ。
The **principal** gave a speech to welcome the new students.	校長は新入生を歓迎するスピーチをした。

□ steel [stíːl] 鋼鉄、はがね
□ diamond [dáɪəmənd] ダイヤモンド
□ plastic [plǽstɪk] プラスチック、ビニール
□ cloth [klɔ́(ː)θ] 布

□ gold [góʊld] 金
□ glass [glǽs] ガラス
□ paper [péɪpər] 紙

149

07 01	**bridge** [brídʒ] ▶▶▶ 🖊	名 橋
07 02	**noisy** [nɔ́ɪzi]	形 うるさい、騒々しい (⇔ quiet) 名 noise 物音、騒音
07 03	**mouse** [máʊs]	名 (ハツカ) ネズミ ▶ 複数形は mice。
07 04	**army** [ɑ́ːrmi]	名 軍、陸軍 ▶ 「海軍」は navy、「空軍」は air force と言う。
07 05	**award** [əwɔ́ːrd]	名 賞
07 06	**chopsticks** [tʃɑ́ːpstìks]	名 箸
07 07	**native** [néɪtɪv]	形 ① 生まれた土地の、母語の (⇔ foreign) ② 先住民の
07 08	**nurse** [nɔ́ːrs]	名 看護師
07 09	**queen** [kwíːn]	名 女王
07 10	**boss** [bɔ́(ː)s]	名 上司

🖊 **街にあるもの**
bridge は「橋」という意味で、川などにかかるものだけでなく、陸橋も指します。また London Bridge (ロンドン橋) のように固有名詞につく場合は、前に冠詞はつきません。ここでは街にあるものを表す語を見ておきましょう。

The bus crossed an old **bridge**.	バスは古い橋を渡った。
This restaurant is a bit **noisy** for me.	このレストランは私には少しうるさい。
Daniel keeps a **mouse** as a pet.	ダニエルはペットとしてネズミを飼っている。
Casey joined the **army** when he was young.	ケイシーは若いころ軍隊に入った。
The scientist won an **award** for her research.	その科学者は研究に対して賞を受けた。
Michael knows how to use **chopsticks**.	マイケルは箸の使い方を知っている。
He returned to his **native** country.	彼は母国に帰った。
He works at the hospital as a **nurse**.	彼は看護師として病院に勤務している。
The **queen** visited Japan in 1975.	女王は 1975 年に訪日した。
Tina's **boss** is angry at her.	上司はティナのことを怒っている。

□ street [strí:t] 通り   □ road [róʊd] 道路   □ crossing [krɔ́(:)sɪŋ] 交差点
□ traffic light [trǽfɪk làɪt] 信号   □ corner [kɔ́:rnər] かど   □ bus stop [bʌ́s stà:p] バス停
□ parking [pá:rkɪŋ] 駐車（場）   □ sign [sáɪn] 看板、標識   □ poster [póʊstər] ポスター
□ vending machine [véndɪŋ məʃì:n] 自動販売機

151

07 11	**terrible** [térəbl]	形 ① ひどい、ひどく悪い ② 下手な
07 12	**hero** [híːrou]	名 英雄、ヒーロー ▶ 男性にも女性にも使う。特に女性を指すときは hiroine も使う。
07 13	**guest** [gést]	名 ① (パーティーなどに招かれた) 客 ② (ホテルなどの) 宿泊客
07 14	**score** [skɔ́ːr]	名 点数、得点 動 ~を得点する
07 15	**flag** [flǽg]	名 旗
07 16	**arm** [áːrm]	名 腕
07 17	**million** [míljən] ▶▶▶✎	形 100 万の 名 100 万 ▶ millions of ~ の項目 (1039) も参照。
07 18	**butter** [bʌ́tər]	名 バター
07 19	**power** [páuər]	名 力、エネルギー、電力 形 powerful 強力な
07 20	**online** [àːnláɪn]	副 オンラインで 形 オンラインの

✎ **数の単位**

million は「100 万」という意味です。日本語では 1 万がけたの単位になっており、1 万の 1 万倍が「1 億」、1 億の 1 万倍が「1 兆」ですが、英語では 1000 がけたの単位になっており、1000 の 1000 倍が million (100 万)、million の 1000 倍が billion (10 億) …のようにけたが上がっていきます。ここでは 3 級で登場する数の単位を見ておきましょう。

I had a **terrible** stomachache yesterday.	昨日はひどい腹痛だった。
The soccer player was a **hero** to many fans.	そのサッカー選手は多くのファンにとってヒーローだった。
We have a special **guest** today.	今日は特別ゲストをお招きしています。
I got a good **score** on my math test.	私は数学のテストでよい点を取った。
The French **flag** is blue, white, and red.	フランスの国旗は青と白と赤だ。
Alex fell off his bike and broke his **arm**.	アレックスは自転車から落ちて腕を骨折した。
The book sold over one **million** copies.	その本は100万部以上売れた。
This **butter** is too hard to use.	このバターは硬すぎて使えない。
The boat uses the **power** of wind to move.	そのボートは動くのに風力を使う。
Ann buys everything **online**.	アンは何でもオンラインで買う。

□ ten [tén] 10　　□ hundred [hʌ́ndrəd] 100　　□ thousand [θáʊznd] 1000
□ million [míljən] 100万　　□ billion [bíljən] 10億

153

07 21	**print** [prínt]	動 ～を印刷する ► print out（～を出力する、プリントアウトする）という表現も覚えておこう。 名 printer プリンター
07 22	**successful** [səksésfl]	形 成功した 動 succeed 成功する 名 success 成功
07 23	**leader** [líːdər]	名 リーダー、指導者 動 lead ～を導く、率いる
07 24	**license** [láısəns]	名 免許（証）
07 25	**stomach** [stʌ́mək]	名 おなか、胃
07 26	**discount** [dískaʊnt]	名 割引 ►「安売り、セール」は sale。
07 27	**ghost** [góʊst]	名 幽霊
07 28	**housework** [háʊswəːrk] ▶▶▶⌀	名 家事
07 29	**national** [nǽʃənl]	形 ① 国家の ② 全国の ③ 国立の 名 nation 国、国民
07 30	**attend** [əténd]	動 ～に出席する、参加する

⌀ **離せばわかる**
housework（家事）は house（家）と work（仕事）を合わせてできた語で、文字通り「家の仕事」のこと。このように 2 つの単語をくっつけてできた語は、一見長めですが分けてみると簡単に意味を理解することができます。

The student **printed** his report.	その生徒はレポートを印刷した。
The concert was very **successful**.	そのコンサートは大成功だった。
The camp **leader** showed the children how to start a fire.	キャンプのリーダーは子どもたちに火の起こし方を教えた。
Chris has a **license** to drive a bus.	クリスはバスを運転する免許を持っている。
Bill went to the doctor because his **stomach** hurt.	ビルは胃が痛むので医者に行った。
Do you give a student **discount**?	学割はありますか。
They saw a **ghost** in the old building.	彼らはその古い建物で幽霊を見た。
Can you help me with the **housework**?	家事を手伝ってくれる?
This area is a **national** park.	この一帯は国立公園になっている。
Peter cannot **attend** the meeting because he is sick.	ピーターは病気で会議に出席できない。

□ seafood [sí:fù:d] 海産物、シーフード (= sea (海) + food (食べ物))
□ cookbook [kúkbùk] 料理本 (= cook (料理する) + book (本))
□ doghouse [dɔ́(:)ghàus] 犬小屋 (= dog (犬) + house (家))
□ haircut [héərkÀt] 散髪、ヘアカット (hair (髪) + cut (切る))
□ underwater [Àndərwáːtər] 水中の (= under (下に) + water (水))

07 31	**kill** [kíl]	動 ~を殺す

07 32	**soldier** [sóuldʒər] ⚠ 発音注意。	名 兵士

07 33	**fasten** [fǽsn] ⚠ 発音注意。	動 ~を締める

07 34	**passenger** [pǽsəndʒər]	名 乗客

07 35	**exit** [égzɪt] ▸▸▸✎	名 出口 (⇔ entrance)

07 36	**lovely** [lʌ́vli]	形 ① 素晴らしい、心地よい ② 美しい、魅力的な

07 37	**mail** [méɪl]	動 ~を郵送する 名 郵便

07 38	**midnight** [mídnàɪt]	名 真夜中、夜の12時 ▸ 「昼の12時」は noon。

07 39	**ice** [áɪs]	名 氷

07 40	**northern** [nɔ́ːrðərn]	形 北の、北方の (⇔ southern) 名 north 北、北部

✎ **施設内の事物を表す語**

「非常口」と書かれた緑色の掲示を時々目にすることがありますね。もしかしたら英語でEXITと書かれたものを見たことがあるかもしれません。しかし、英語のexitは単に「出口」という意味です。ここでは3級で登場した施設内の事物を表す語を見ておきましょう。

Car accidents **kill** many travelers every year.	毎年多くの旅行者が自動車事故で命を落とす。
The **soldier** was injured in the war.	その兵士は戦争で負傷した。
You should always **fasten** your seatbelt.	常にシートベルトを締めるべきだ。
There were no **passengers** on the bus.	そのバスに乗客はいなかった。
Follow the green signs to the **exit**.	緑色の標識に従い、出口へ向かってください。
We had a **lovely** time at the beach.	私たちはそのビーチで素晴らしい時間を過ごした。
My parents **mailed** me a package.	両親は私に小包を送ってくれた。
The party started at **midnight**.	そのパーティーは真夜中に始まった。
Could I get a glass of water with no **ice**, please?	水を1杯氷抜きでいただけますか。
The **northern** states of the U.S. get very cold in the winter.	アメリカの北部の州は、冬とても寒くなる。

07
40 ►

□ elevator [élavèitar] エレベーター
□ counter [káuntər] (店・銀行などの) カウンター
□ ticket office [tíkət ò:fəs] チケット売り場
□ front gate [frʌnt géit] 正門
□ floor [flɔ́:r] 階
□ information desk [ɪnfərméiʃən dèsk] 案内所
□ food court [fú:d kɔ̀:rt] フードコート

157

07 41	**social studies** [sóuʃəl stʌ́diz]	名 社会 (科)
07 42	**snowboarding** [snóubɔ̀:rdɪŋ]	名 スノーボード (をすること) 名 動 snowboard スノーボードの板；スノーボードをする
07 43	**noise** [nɔ́ɪz]	名 物音、騒音 形 noisy うるさい、騒々しい
07 44	**science fiction** [sáɪəns fíkʃən]	名 サイエンスフィクション、SF (小説)
07 45	**medium** [mí:diəm]	形 中ぐらいの、M サイズの 名 中ぐらい、中間 ▶ サイズを表す S、M、L の M は medium の頭文字をとったもの。
07 46	**athlete** [ǽθli:t] ▸▸▸∅	名 運動選手、競技者
07 47	**steal** [stí:l]	動 ～を (こっそり) 盗む ▶ steal-stole-stolen と活用する。
07 48	**instrument** [ínstrəmənt]	名 ① 楽器 ② 道具、器具 ▶ ①の意味では musical instrument とも言う。
07 49	**Olympic Games** [əlímpɪk géɪmz]	名 オリンピック ▶ the Olympics とも言う。
07 50	**gentleman** [dʒéntlmən]	名 紳士 ▶ 複数形は gentlemen。

∅ **スポーツ関連の語**
athlete は「運動選手」という意味の名詞です。「アスリート」という日本語にもなっていますが、アクセントの位置には注意してください。ここではスポーツ関連の語を見ておきましょう。

Edward is a **social studies** teacher at the junior high school.	エドワードは中学校の社会科の教師だ。
She is good at **snowboarding**.	彼女はスノーボードが上手だ。
I could not sleep because of the **noise** last night.	昨夜、騒音のせいで眠れなかった。
Kate usually reads **science fiction** novels.	ケイトはたいてい SF 小説を読んでいる。
A **medium** pizza, please.	M サイズのピザを1つお願いします。
Many **athletes** took part in the marathon.	多くの運動選手がそのマラソンに参加した。
Someone **stole** his suitcase at the airport.	何者かが空港で彼のスーツケースを盗んだ。
Paul can play three different **instruments**.	ポールは3つの異なる楽器を演奏できる。
The **Olympic Games** are very expensive to hold.	オリンピックは開催するのに莫大な費用がかかる。
Ladies and **gentlemen**, thank you for coming tonight.	紳士、淑女の皆さま、今夜はご来場いただきありがとうございます。

07
50

□ gym [ʤím] 体育館、ジム　　□ match [mǽtʃ] 試合　　□ champion [tʃǽmpiən] チャンピオン
□ medal [médl] メダル　　□ trophy [tróufi] トロフィー　　□ teammate [tíːmmèit] チームメイト
□ racket [rǽkət] ラケット

07 51	**joke** [dʒóʊk]	動 冗談を言う 名 冗談
07 52	**whale** [ʰwéɪl] ▸▸▸✎	名 クジラ
07 53	**yard** [jɑ́:rd]	名 庭
07 54	**everybody** [évribɑ̀:di]	代 だれでも、皆（≒everyone） ▸ 単数名詞として扱う。
07 55	**attraction** [ətrǽkʃən]	名 人を引きつけるもの、呼びもの、名所
07 56	**lonely** [lóʊnli]	形 寂しい、孤独な ▸ -ly で終わるが形容詞。
07 57	**powerful** [páʊərfl]	形 強力な ▸ power（力）+ -ful（満ちた）でできた語。
07 58	**support** [səpɔ́:rt]	名 支援、支持 動 ～を支援する、支持する 名 supporter 支持者、サポーター
07 59	**comfortable** [kʌ́mftəbl]	形 心地よい、快適な
07 60	**upstairs** [ʌ̀pstéərz]	副 上の階に［で］（⇔downstairs） 形 上の階の（⇔downstairs）

✎ **動物名**

whale は「クジラ」。船に乗ってクジラを見にいく「ホエールウォッチング」という言葉は皆さんも聞いたことがあるでしょう。ご存じのように哺乳類で、シロナガスクジラは大きなものだと 30 メートルを超えるそうです。3 級では非常にさまざまな動物が登場しますが、ここでは koala（コアラ）のようにカタカナにしただけではわからない動物名を見ておきましょう。

I thought Meg was **joking**.	私はメグが冗談を言っているのだと思った。
The blue **whale** is the biggest animal in the world.	シロナガスクジラは世界最大の動物である。
The children play in the **yard** after school.	その子どもたちは放課後庭で遊ぶ。
Everybody at the event got a free T-shirt.	イベントに参加した全員が無料のTシャツをもらった。
This town has many popular **attractions** for tourists.	この町には観光客に人気の名所がたくさんある。
Brenda was **lonely** right after she moved.	ブレンダは引っ越した直後は寂しかった。
The engine of the car is very **powerful**.	その車のエンジンはとても強力だ。
Thanks to your **support**, the project was a success.	皆さんのご支援のおかげで、プロジェクトは成功しました。
The seats on this plane are very **comfortable**.	この飛行機の座席はとても快適だ。
Go **upstairs** and do your homework.	上の階に行って宿題をしなさい。

□ puppy [pʌ́pi] 子犬　　□ kitten [kítn] 子ネコ　　□ horse [hɔ́ːrs] ウマ
□ tiger [táɪgər] トラ　　□ elephant [éləfənt] ゾウ　　□ pig [píg] ブタ
□ rabbit [rǽbət] ウサギ　　□ deer [díər] シカ　　□ dolphin [dáːlfɪn] イルカ
□ shark [ʃɑ́ːrk] サメ　　□ tuna [t(j)úːnə] マグロ　　□ turtle [tə́ːrtl] ウミガメ
□ snake [snéɪk] ヘビ　　□ frog [frɑ́ːg] カエル　　□ spider [spáɪdər] クモ

07 61	**service** [sə́:rvəs]	名 ① サービス、事業　② (鉄道・バスなどの) 便 動 serve 〈飲食物〉を出す；〜に仕える
07 62	**photographer** [fətá:grəfər]	名 写真家、カメラマン
07 63	**parking** [pá:rkɪŋ]	名 ① 駐車　② 駐車スペース
07 64	**billion** [bíljən]	形 10 億の 名 10 億
07 65	**usual** [júːʒuəl]	形 普通の、いつもの (⇔unusual) ▶ as usual の項目 (0813) も参照。 副 usually 普通、たいてい
07 66	**peace** [píːs]	名 平和 形 peaceful 平和な、平穏な
07 67	**helpful** [hélpfl] ▸▸▸✐	形 助けになる、有益な 副 helpfully 有益に
07 68	**youth** [júːθ]	名 若者 形 young 若い
07 69	**downtown** [dàʊntáʊn]	副 繁華街に [で] 名 繁華街 ▶ 「下町」の意味はない。
07 70	**blind** [bláɪnd]	形 目の見えない ▶ 窓につける「ブラインド」も blind。

✐ **接尾辞 -ful**

helpful (助けになる、有益な) は help (助け) に「〜に満ちた」を意味する接尾辞 -ful がついてできた語です。-ful は full (満ちた) の l がひとつ取れた形です。分解して考えれば、少し長い単語でも簡単に理解できますね。このように名詞に -ful がついてできた形容詞はたくさんあるので、ここでは 3 級で登場したものをまとめて見ておきましょう。

The company started the Internet **service** last year.	その会社は昨年、インターネット事業を始めた。
He works as a sports **photographer**.	彼はスポーツ写真家として働いている。
There is a large space for **parking** behind the building.	その建物の裏に広い駐車スペースがある。
The company spent a **billion** dollars on the factory.	会社はその工場に 10 億ドル費やした。
He went out in his **usual** jacket.	彼はいつものジャケットを着て出かけた。
The new president brought **peace** to the country.	新しい大統領はその国に平和をもたらした。
My tennis coach gave me **helpful** advice.	テニスのコーチは私に有益なアドバイスをしてくれた。
The **youth** of today use their smartphones for everything.	現代の若者は何にでもスマートフォンを使う。
We went to a restaurant **downtown**.	私たちは繁華街のレストランに行った。
She went **blind** when she was a child.	彼女は子どものころに目が見えなくなった。

□ beautiful [bjúːtəfl] 美しい、きれいな
□ wonderful [wʌ́ndərfl] 素晴らしい
□ powerful [páuərfl] 強力な
□ successful [səksésfl] 成功した
□ careful [kéərfl] 注意深い
□ useful [júːsfl] 役に立つ
□ peaceful [píːsfl] 静かな、落ち着いた

07 71	**distance** [dístəns]	名 距離 形 distant 遠い
07 72	**stage** [stéɪʤ]	名 舞台、ステージ
07 73	**hate** [héɪt]	動 ~をひどく嫌がる ▶「~するのをひどく嫌がる」と言う場合は、hate の後ろは *do*ing あるいは to *do* の形になる。
07 74	**mix** [míks]	動 ~を混ぜる
07 75	**announcement** [ənáʊnsmənt]	名 アナウンス、お知らせ、発表
07 76	**success** [səksés] ▲ アクセント注意。	名 成功 動 succeed 成功する 形 successful 成功した
07 77	**melt** [mélt]	動 溶ける、~を溶かす
07 78	**international** [ìntərnǽʃnl]	形 国際的な ▶ inter-（間の）+ national（国の）でできた語。
07 79	**scared** [skéərd]	形 おびえた、びっくりした 動 scare ~をおびえさせる
07 80	**although** [ɔːlðóʊ]	接 …だけれども（≒though）

✏ **文法問題を攻略する (11)**

次の予想問題を解いてみましょう。

If it (　　) tomorrow, we'll have to cancel the picnic.

1 raining　　2 rains　　3 rained　　4 to rain

What is the **distance** between the Earth and the moon?	地球と月の間の距離はどのくらいですか。
The actors came out onto the **stage**.	役者たちが舞台の上に出てきた。
I **hate** clean**ing** the bathroom.	私はトイレ掃除が大嫌いだ。
Mix the eggs and milk together.	卵と牛乳を一緒に混ぜてください。
She could not hear the **announcement** at the station.	彼女は駅のアナウンスが聞こえなかった。
The movie festival was a big **success**.	その映画祭は大成功だった。
The ice cream **melted** very quickly.	アイスクリームはあっという間に溶けた。
She works for an **international** company.	彼女は国際企業で働いている。
The little girl is **scared** of dogs.	その小さな女の子は犬が怖い。
Although it was cold, we went hiking.	寒かったけれども、私たちはハイキングに行った。

if 節中の動詞の形を選ぶ問題です。tomorrow があるので will rain を入れたくなりますが、そのような選択肢はありませんね。作問ミスではありません。「～するとき」と「とき」を表す節、「～ならば」と「条件」を表す節の中では、未来を表す場合にも現在形を使うというルールがあるのです。正解は現在形の 2。このタイプの問題も時々出題されています。「明日雨が降ったら、ピクニックを中止しなければならない。」

165

07 81 bored [bɔ́ːrd]	**形** 退屈した ▸ bore (~を退屈させる) の過去分詞が形容詞化したもの。
07 82 flat [flǽt]	**形** 平らな、平坦な
07 83 shine [ʃáɪn]	**動** 輝く **名** 光、輝き ▸ shine-shone-shone と活用する。
07 84 spelling [spélɪŋ]	**名** つづり **動** spell ~をつづる
07 85 human [hjúːmən]	**名** 人間 **形** 人間の
07 86 battle [bǽtl]	**名** 戦い、戦闘
07 87 crash [krǽʃ]	**動** 衝突する **名** 衝突
07 88 injure [índʒər]	**動** 〈人・体の一部など〉にけがをさせる **名** injury けが
07 89 attack [ətǽk]	**動** ~を襲う、攻撃する **名** 攻撃
07 90 advertisement [ædvərtáɪzmənt] ▸▸▸	**名** 広告 ▸ 単に ad とも言う。 **動** advertise ~を広告する、宣伝する

✐ **ビジネス関連の語**
　advertisement (広告) は、商品やサービスを消費者に知ってもらうための、ビジネスにおける重要な手段です。単に ad とも言います。ここではビジネス関連の語を見ておきましょう。

She gets **bored** easily with everything.
彼女は何事にも飽きやすい。

The **flat** area was made into a soccer field.
その平らな場所はサッカー場になった。

Stars are **shining** in the night sky.
星々が夜空に輝いている。

There are some **spelling** mistakes in your report.
あなたのレポートにはいくつかスペルミスがありますよ。

Only **humans** have imagination.
人間だけが想像力を持っている。

07/90

There was a famous **battle** here.
ここで有名な戦闘があった。

The ship **crashed** into some rocks.
船は岩に衝突した。

Kara **injured** her ankle when she was running.
カーラは走っていて足首を痛めた。

A monkey **attacked** one of the park's visitors.
1匹のサルが来園者の一人を襲った。

We got many new customers with this **advertisement**.
私たちはこの広告で多くの新たな顧客を獲得した。

□ business trip [bíznəs trìp] 出張
□ opening hours [óupniŋ àuərz] 営業時間
□ clerk [klə́:rk] 店員、職員
□ workshop [wə́:rkʃɑ̀:p] 研修会
□ opening sale [óupniŋ sèil] 開店セール
□ part-time job [pɑːrttáim ʤɑ̀:b] アルバイト (の仕事)

Part 1
Unit
10

07 91	**fair** [féər]	名 展示会、見本市 形 公平な
07 92	**convenient** [kənvíːnjənt]	形 ① 便利な ② 都合のよい 名 convenience 便利さ
07 93	**furniture** [fə́ːrnɪtʃər]	名 家具、家具類 ▸ 数えられない名詞。数えるときは two pieces of furniture（家具 2 点）などと言う。
07 94	**god** [gáːd]	名 神
07 95	**appliance** [əpláɪəns]	名 電化製品
07 96	**session** [séʃən]	名 集まり、集会
07 97	**express** [ɪksprés]	形 ① 急行の ② 速達の 動 ～を表現する 名 expression 表現
07 98	**knee** [níː] ⚠ 発音注意。 ▸▸▸✐	名 ひざ
07 99	**British** [brítɪʃ]	形 ① イギリスの、英国の ② イギリス人の、英国人の 名 イギリス人、英国人
08 00	**smoke** [smóʊk]	動 たばこを吸う 名 煙 名 smoker 喫煙者

✐ **身体部位を表す語**
knee は「ひざ」という意味。p. 012 のミニコラムでも説明したように、k は発音しません。3 級では hand
（手）や face（顔）以外にもさまざまな身体部位を表す語が登場するので、ここでまとめて見ておきましょう。

A new car **fair** is held here every year.	毎年ここで新車の展示会が行われる。
Living in the center of the city is very **convenient**.	都市の中心部に住むのはとても便利だ。
This store sells **furniture**, such as dining tables and sofas.	この店ではダイニングテーブルやソファなどの家具を販売している。
The native people believe in hundreds of **gods**.	その先住民は何百もの神々を信じている。
Kitchen **appliances** can be very expensive.	キッチンの家電製品は非常に高価な場合がある。
Are you going to join the Friday **session**?	あなたは金曜日の集まりには参加しますか。
There is no **express** train at this time.	この時間帯には急行列車はない。
Lately, my **knees** hurt after running.	近ごろ、走ったあとにひざが痛む。
British people like to drink tea.	イギリス人は紅茶を飲むのが好きだ。
My father usually **smokes** after dinner.	父はいつも夕食後にたばこを吸う。

□ ear [íər] 耳　　□ tooth [túːθ] 歯　　□ heart [háːrt] 心臓　　□ back [bǽk] 背中　　□ hip [híp] 腰
□ finger [fíŋgər] 指　　□ leg [lég] 脚　　□ ankle [ǽŋkl] 足首　　□ foot [fút] 足

ここでは、3級のライティングで使える英文パターンをご紹介しましょう。

1

基本例文

I **like to** go shopping with my friends.

友だちと買い物に行くのが好きです。

「〜するのが好きだ」は like to *do*、like *doing* どちらで表すこともできます。3級英作文で非常によく使う表現です。

バリエーション

▷ I **like to** swim. I often go to the pool in the summer.

私は泳ぐのが好きです。夏にはよくプールに泳ぎに行きます。

▷ I **like to** read comic books in my room.

私は自分の部屋で漫画を読むのが好きです。

▷ I **like** taki**ng** a bath on a cold day. It is very relaxing.

私は寒い日に風呂に入るのが好きです。とてもリラックスします。

2

基本例文

Read**ing** novels **is** a lot of fun.

小説を読むのはとても楽しいです。

〈*Doing* 〜 is ...〉は「〜することは…だ」という意味。動名詞を主語にする構文で、…には形容詞も名詞も入ります。動名詞は3人称単数扱いなので、動詞の形に気をつけましょう。述語の部分には、be動詞以外の動詞を使うこともできます。

バリエーション

▷ Shopp**ing** at the mall **is** exciting.

ショッピングモールで買い物するのはとても楽しいです。

▷ Walk**ing** my dog **is** good for my health too.

犬を散歩させるのは私の健康にもいいです。

▷ Walk**ing** through crowds makes me feel sick.

人混みの中を歩くと気分が悪くなります。

＊It is fun.（それは楽しいです）/ It is a lot of fun.（それはとても楽しいです）は単独でも使える便利な表現。ぜひ覚えておいてください。

Part 2

熟語

　熟語は、以下の優先順位を基に配列されています。

① 筆記大問１で正解になった熟語の頻度
② 筆記大問１で誤答になった熟語の頻度
③ 筆記大問１の選択肢以外（主に長文読解問題やリスニング問題）で出題された熟語の頻度

　筆記大問１の選択肢として出題された熟語が長文などで登場するケースも、数多くあります。
　試験まで時間がない場合は、出題確率の高いUnit 12 の熟語まで目を通しましょう。

08 01	**a pair of ~**	1組の～
	Bert bought **a** new **pair of** purple shoes.	バートは新しい紫色の靴を1足買った。

08 02	**give *A* a ride**	(乗り物に) A を乗せてやる
	Her father **gave** her **a ride** to the station.	父親は彼女を駅まで送ってやった。

08 03	**first of all**	まず第一に
	First of all, let's talk about tomorrow's event.	まず最初に明日のイベントについて話しましょう。

08 04	**a slice of ~**	1切れの～
	Do you want **a slice of** banana bread?	バナナブレッドを1切れいかが?

08 05	**grow up**	成長する、大人になる
	Alex **grew up** in a small village in Syria.	アレックスはシリアの小さな村で育った。

08 06	**It is ~ for *A* to *do*.**	A が…するのは～だ
	It is hard **for** her **to** do her homework alone.	彼女が一人で宿題をするのは大変だ。

08 07	**do *one's* best**	最善を尽くす
	We **did** our **best** to win the game.	私たちはその試合に勝つために最善を尽くした。

08 08 ☐☐☐	**run away**	逃げる
	The people **ran away** from the falling building.	人々は倒壊する建物から逃げた。

08 09 ☐☐☐	**not ~ at all**	少しも~ない
	His joke was **not** funny **at all**.	彼の冗談は少しも面白くなかった。

08 10 ☐☐☐	**be afraid of ~**	~が怖い ► of の後ろに動詞がくる場合は *do*ing の形になる。
	My daughter **is afraid of** bees.	娘はハチを怖がっている。

08 11 ☐☐☐	**in fact**	実は、実際は
	My mother looks young, but **in fact** she is over 60.	母は若く見えるが、実は 60 を過ぎている。

08 12 ☐☐☐	**break *one's* promise**	約束を破る
	She never **breaks** her **promises**.	彼女は決して約束を破らない。

08 13 ☐☐☐	**as usual**	いつものように ► than usual (いつもより) という表現も覚えておこう。
	As usual, he was wearing sunglasses.	彼はいつものようにサングラスをかけていた。

08 14 ☐☐☐	**shake hands**	握手をする ► この場合の hand は必ず複数形になる。「~と」は with ~で表す。
	The players **shook hands with** each other before the game.	選手たちは試合前に互いに握手した。

08 15 how to *do*

~の仕方

Shelly learned **how to** cook French food online.

シェリーはオンラインでフランス料理の作り方を学んだ。

08 16 look forward to ~

~を楽しみに待つ
► ~に動詞が入るときは *do*ing の形になる。

She is **looking forward to** go**ing** to Sydney next month.

彼女は来月シドニーに行くことを楽しみにしている。

08 17 too ~ to *do*

あまりに~なので…できない、
…するには~すぎる

She is **too** young **to** go on a trip by herself.

彼女は一人で旅行に行くには若すぎる。

08 18 take part in ~

〈催し物など〉に参加する

Yesterday, he **took part in** the speech contest.

昨日、彼はスピーチコンテストに参加した。

08 19 be interested in ~

~に興味がある
► become interested in ~ （~に興味を持つようになる）も出題されている。

He **is interested in** Japanese art.

彼は日本の芸術に興味がある。

08 20 at first

最初

At first, the dress looked too small for me.

最初、そのドレスは私には小さすぎるように見えた。

08 21 all day

一日中

Carl spent **all day** at the park.

カールは一日中公園で過ごした。

08 22	**be ready for ~**	～の準備ができている
	Are you **ready for** your trip?	旅行の準備はできましたか。
08 23	**make *A* ~**	*A* を～にする
	His boring speech **made** us sleepy.	彼の退屈なスピーチは私たちを眠くした。
08 24	**at the end of ~**	① ～の突き当たりに ② ～の終わりに
	The library is **at the end of** this street.	図書館はこの通りの突き当たりにある。
08 25	**each other**	お互い
	How did you get to know **each other**?	あなたがたはどうやって互いに知り合うようになったのですか。
08 26	**turn down**	〈音量など〉を小さくする（⇔turn up）
	Please **turn down** the radio.	ラジオの音量を下げてください。
08 27	**try on**	～を試着する ▶ 帽子や靴にも使える表現。
	Can I **try on** this shirt, please?	このシャツを試着してもいいですか。
08 28	**make a mistake**	間違える
	Nelson **made** some **mistakes** during his Japanese speech.	ネルソンは日本語でのスピーチでいくつか間違えた。

08 29	**be full of ~**	~でいっぱいだ
	The park **is full of** people with dogs on the weekend.	その公園は、週末には犬を連れた人でいっぱいだ。

08 30	**be sick in bed**	病気で寝ている
	Jenna **was sick in bed** all day yesterday with the cold.	ジェナは昨日、風邪で一日寝込んだ。

08 31	**leave a message for ~**	〈人〉に伝言を残す
	Ms. Kennedy **left a message for** you.	ケネディーさんがあなたへの伝言を残されました。

08 32	**be filled with ~**	~でいっぱいだ
	The beach **is filled with** young families from the city.	ビーチは都会からの若い家族連れでいっぱいだ。

08 33	**give _A_ a hand**	Aに手を貸す、Aを手伝う
	My brother was busy, so he couldn't **give** me **a hand** yesterday.	昨日、兄は忙しくて私の手伝いをすることができなかった。

08 34	**be good at ~**	~が上手だ、得意だ (⇔ be poor at ~) ▶ ~に動詞がくるときは _do_ing の形になる。
	She **is good at** play**ing** the guitar.	彼女はギターを弾くのが上手だ。

08 35	**be able to _do_**	~することができる
	Luckily, we **were able to** see Mt. Fuji from the train.	私たちは運よく電車から富士山を見ることができた。

08 36	by *oneself*	一人で、独力で
		► all by *oneself* (たった一人で) という表現も覚えておこう。
	Akira made lunch **by** himself yesterday.	アキラは昨日昼食を一人で作った。

08 37	a few ~	少しの〜、少数の〜
		► 〜には名詞の複数形が入る。
	The library is just **a few** blocks from here.	図書館はここからほんの数ブロック先です。

08 38	invite *A* to *B*	AをBに招待する
	Ken **invited** me **to** the dinner.	ケンが私を夕食に招待してくれた。

08 42 ►

08 39	get married	結婚する
		► p. 146 のミニコラムも参照。
	The couple **got married** last summer.	そのカップルは昨年の夏結婚した。

08 40	far away	(遠く) 離れて
	Kelsey lives **far away** from her family.	ケルシーは家族から離れたところに住んでいる。

08 41	be proud of ~	〜を誇りに思う
		► feel proud of 〜 (〜を誇りに感じる) という表現も覚えておこう。
	I **am** so **proud of** your hard work.	私は、あなたのがんばりをとても誇りに思う。

08 42	get off ~	(〜を) 降りる (⇔ get on ~)
	We **got off** the bus at the next stop.	私たちは次の停留所でバスを降りた。

08 43	**turn on**	~をつける、~の電源を入れる (⇔ turn off)
	You can **turn on** the light with this button.	照明はこのボタンでつけることができます。

08 44	**make a speech**	スピーチをする (≒ give a speech)
	Derek **made a speech** about the four seasons in Japan.	デレクは日本の四季についてスピーチをした。

08 45	**for a while**	しばらく (の間)
	I have not seen Mike **for a while**.	しばらくマイクと会っていない。

08 46	**what to** *do*	何を~したらいいか
	I did not know **what to** say to her.	私は彼女に何と言ったらいいかわからなかった。

08 47	**be different from** ~	~と違っている
	American football **is different from** rugby.	アメリカンフットボールはラグビーとは違う。

08 48	**talk on the phone**	電話で話をする
	She's always **talking on the phone** with her friends.	彼女はいつも友だちと電話で話をしている。

08 49	**name** *A B*	A を B と名づける
	My parents **named** me Robert.	両親は私をロバートと名づけた。

08 50	**so ~ that …**	とても~なので…
☐☐☐	Paula was **so** nervous **that** she could not sleep well.	ポーラはとても緊張していたのでよく眠れなかった。

08 51	**than any other ~**	ほかのどんな~よりも ▶ ~には単数形の名詞が入る。
☐☐☐	This place is better **than any other** Chinese restaurant in the city.	この店は市内のほかのどんな中華料理店よりもおいしい。

08 52	**a couple of ~**	① 2、3の~、いくつかの~ ② 2つの~
☐☐☐	Jenny's package arrived after **a couple of** days.	ジェニーの荷物は数日後に届いた。

08 53	**clean up**	~を片づける、きれいにする
☐☐☐	We **cleaned up** our classroom after the school festival.	文化祭のあと、私たちは教室を片づけた。

08 54	**have a chance to *do***	~する機会がある
☐☐☐	I did not **have a chance to** visit the Eiffel Tower while I was in Paris.	私はパリにいる間、エッフェル塔を訪れる機会がなかった。

08 55	**agree with ~**	① 〈人〉と同じ意見だ ② ~に賛同する
☐☐☐	I **agree with** her on almost everything.	私はほとんどすべてのことにおいて彼女と同じ意見だ。

08 56	**be covered with ~**	~で覆われている
☐☐☐	The street **is covered with** snow.	その通りは雪で覆われている。

08 57	**get in trouble**	困ったことになる ▶ be in trouble だと「困っている」という状態を表す。
	You'll **get in trouble** if you lose this key.	このかぎをなくしたら困ったことになりますよ。
08 58	**on business**	仕事で
	Lance is in Taipei **on business**.	ランスは仕事で台北にいる。
08 59	**look around ~**	~を見て回る
	She spent hours **looking around** the gift shop.	彼女は何時間もかけてそのギフトショップを見て回った。
08 60	**come true**	実現する ▶「true（本当）になる」という意味。
	Her dream of becoming a singer **came true**.	歌手になるという彼女の夢は実現した。
08 61	**be the same as ~**	~と同じである
	Your favorite band **is the same as** mine.	あなたの好きなバンドは私と同じです。
08 62	**either** *A* **or** *B*	A か B か
	You can choose from **either** vanilla **or** chocolate.	バニラかチョコレートのどちらかからお選びいただけます。
08 63	**be dressed**	（服を）着ている ▶ この場合の dress は「~に服を着せる」という意味の動詞。
	He **was dressed** in an expensive suit.	彼は高価なスーツを着ていた。

08 64	**without** *doing*	~せずに
	Judy went away **without** say**ing** a word.	ジュディーは一言も言わずに立ち去った。

08 65	**introduce** *oneself*	自己紹介をする
	Could you **introduce** yourself?	自己紹介をしていただけますか。

08 66	**on the way to** ~	~に行く途中で
	They ran out of gas **on the way to** the airport.	彼らは空港に行く途中でガス欠になった。

08 67	**pay** *A* **for** *B*	B に A を払う ► A には金額、B には商品などが入る。
	I **paid** 100 dollars **for** this watch.	私はこの腕時計に 100 ドル払った。

08 68	**just in time to** *do*	~するのにぎりぎり間に合って
	He arrived **just in time to** see his son's performance.	彼は息子の演技を見るのにぎりぎり間に合った。

08 69	**be at** *one's* **desk**	席に着いている、仕事中である
	The boss should **be at** her **desk** right now.	上司は今、仕事中のはずだ。

08 70	**in** *one's* **opinion**	~の意見では
	In my **opinion**, this is the best Italian restaurant in town.	私の考えでは、ここが町で一番のイタリアンレストランだ。

08 71	enjoy *doing*	~するのを楽しむ
	Katie **enjoys** swimm**ing** in the pool.	ケイティはプールで泳ぐのを楽しんでいる。

08 72	ask *A* to *do*	A に~するよう頼む
	Ask him **to** help you to print the files.	ファイルの印刷を手伝ってくれるよう彼に頼みなさい。

08 73	be born	生まれる
	I **was born** in a small town in Hokkaido.	私は北海道の小さな町で生まれた。

08 74	pick up	① (車で) ~を迎えに行く ② 〈注文したものなど〉を受け取る ▶「~を拾う；~を買う」などの意味もある。
	It was raining, so I called my dad to **pick** me **up**.	雨が降っていたので、車で迎えに来てくれるように父に電話した。

08 75	tell *A* to *do*	A に~するように言う
	My mother **told** me **to** do my homework first.	母はまず宿題をやるようにと私に言った。

08 76	move to ~	~に引っ越す
	George **moved to** Sydney for university.	ジョージは、大学進学のためシドニーに引っ越した。

08 77	feel well	気分がよい、体調がよい
	I don't **feel well**, so I'm going to stay home.	体調がよくないので、家にいるつもりだ。

08 78 go out	外出する、出かける
Do you want to **go out** tomorrow?	明日出かけない?

08 79 for the first time	初めて
He played golf **for the first time** last month.	彼は先月、初めてゴルフをした。

08 80 far from ~	~から遠くに
Her office is **far from** the station.	彼女の職場は駅から遠い。

08 84 ▶

08 81 take care of ~	~の世話をする、面倒を見る (≒look after ~)
Could you **take care of** my dog while I'm away?	私の留守中に犬の世話をしていただけませんか。

08 82 start *do*ing	~し始める ▶ begin *do*ing あるいは start to *do*, begin to *do* も同じ意味。
Alice **started** writing this novel ten years ago.	アリスは 10 年前にこの小説を書き始めた。

08 83 have fun	楽しむ、楽しい時間を過ごす (≒enjoy *oneself*)
Did you **have fun** at the party?	パーティーは楽しかった?

08 84 all over ~	~中
He looked **all over** his room for his house key.	彼は家のかぎを部屋中探し回った。

08 85	**between** *A* **and** *B*	A と B の**間に**
	Please call me **between** 5:00 **and** 7:00.	5時から7時の間に電話をください。

08 86	**write back**	返事を書く
	William soon **wrote back** to me.	ウィリアムはすぐに返事を書いてくれた。

08 87	**find out**	~を知る、調べる
	I just **found out** that the concert was canceled.	私はコンサートが中止になったと知ったばかりだ。

08 88	**have a headache**	頭が痛い、頭痛がする ► have a stomachache [toothache] (おなか [歯] が痛い) も覚えておこう。
	I **have a** really bad **headache** today.	今日はひどく頭が痛い。

08 89	**worry about** ~	~について心配する (≒ be worried about ~)
	Barbara is **worrying about** her grades.	バーバラは成績について心配している。

08 90	**hurry up**	急ぐ
	We'll need to **hurry up** to be on time.	私たちは間に合うように急がないといけないだろう。

08 91	**both** *A* **and** *B*	A と B の**両方とも**
	Ray speaks **both** English **and** Japanese.	レイは英語も日本語も話す。

08 92	It takes *A* to *do*.	~するのに A かかる
	It takes one hour **to** get to the island by boat.	その島に船で行くのに1時間かかる。

08 93	put on	~を着る、身につける（⇔take off） ► wear は「着ている」という状態を表す。 p. 038 のミニコラムも参照。
	Put on a coat when you go out.	出かけるときはコートを着なさい。

08 94	turn off	~（の電源）を消す；〈ガス・水道など〉を止める（⇔turn on）
	You have to **turn off** your cell phone in this room.	この部屋では、携帯電話の電源をお切りください。

08 95	most of ~	~の大部分
	Most of the class has a cold right now.	現在、クラスの大部分が風邪をひいている。

08 96	not ~ anything	何も~ない
	I have**n't** eaten **anything** today.	私は今日、まだ何も食べていない。

08 97	spend *A* on *B*	A を B に費やす
	She **spends** a lot of money **on** movies.	彼女は映画にたくさんのお金を使う。

08 98	be famous for ~	~で有名だ ► become famous for ~ だと「~で有名になる」という意味。
	The island **is famous for** its beautiful beaches.	その島は美しいビーチで有名だ。

| 08 99 | **It takes *A* *B* to *do*.** | A が~するのに B かかる |

| | **It** will **take** you a few hours **to** finish the book. | あなたがその本を読み終えるのに数時間かかるだろう。 |

| 09 00 | **be in a hurry** | 急いでいる |

| | Why **are you in a hurry**? We have lots of time. | なんで急いでいるの？ 時間はたっぷりあるよ。 |

| 09 01 | **be absent from ~** | ~を欠席する |

| | He **was absent from** school yesterday. | 彼は昨日、学校を欠席した。 |

| 09 02 | **be worried about ~** | ~について心配する (≒ worry about ~) |

| | Ann seems to **be worried about** her future. | アンは将来のことについて心配しているようだ。 |

| 09 03 | **fall down** | 倒れる、転ぶ |

| | The boy **fell down** when he was skating. | その男の子はスケートをしていて転んだ。 |

| 09 04 | **be over** | 終わる |

| | The summer vacation **is finally over**. | ついに夏休みが終わった。 |

| 09 05 | **keep *doing*** | ~し続ける |

| | The girl **kept** play**ing** the violin for hours. | 少女は何時間もヴァイオリンを弾き続けた。 |

09 06	**enough *A* to *do***	～するのに十分な A
	I did not have **enough** time **to** eat breakfast this morning.	私は今朝、朝食を食べるのに十分な時間がなかった。

09 07	**give up**	(～を) あきらめる
	We will never **give up**.	私たちは決してあきらめません。

09 08	**as soon as possible**	できるだけ早く
	We need to finish this project **as soon as possible**.	私たちはできるだけ早くこのプロジェクトを終える必要がある。

09 09	**go for a walk**	散歩に出かける
	Do you want to **go for a walk** with me?	私と散歩に行かない？

09 10	**be made from ～**	～で作られている ▶ 原料が加工されて原形をとどめていない場合。とどめている場合は be made of ～。
	This bread **is made from** rice.	このパンは米から作られている。

09 11	**take off**	① ～を脱ぐ (⇔ put on) ② 離陸する ▶ メガネ、指輪などを外すときにも使う。
	Please **take off** your shoes at the entrance.	入り口で靴を脱いでください。

09 12	**spend *A* *do*ing**	～して A を過ごす
	Casey **spent** the weekend painting model cars.	ケイシーはその週末を車の模型に色を塗って過ごした。

187

09 13	**be popular with ~**	~に人気がある
	This song **is popular with** high school students.	この歌は高校生に人気がある。

09 14	**turn up**	(つまみなどを回して)〈音量など〉を上げる (⇔ turn down)
	I couldn't hear the radio, so I **turned** it **up**.	ラジオが聞こえなかったので、音量を上げた。

09 15	**throw away**	~を捨てる
	Charles **threw away** all of his old CDs.	チャールズは古い CD をすべて捨てた。

09 16	**share** *A* **with** *B*	A を B と共有する
	Laura is **sharing** her room **with** her sister.	ローラは部屋を妹と共有している。

09 17	**One ~ , the other ...**	一方は~、もう一方は… ▶ 2 つのものについて使う。3 つ以上の場合は One ~, the others ... (1 つは~、残りは…)と言う。
	Jill visited two Asian countries last year. **One** was China, and **the other** was Korea.	ジルは去年、アジア 2 か国を訪れた。1 つが中国でもう 1 つが韓国だった。

09 18	**become friends with ~**	~と友だちになる
	She **became friends with** her neighbors.	彼女は近所の人たちと友だちになった。

09 19	**on** *one's* **way to ~**	~に行く途中で
	Ben saw a black cat **on his way to** school.	ベンは学校に行く途中、黒いネコを見た。

09 20	**belong to ~**	~に所属している
		▶ 進行形にはならない。
	She **belongs to** the cooking club at school.	彼女は学校で料理クラブに所属している。

09 21	**be made of ~**	~で作られている
		▶ 素材が変化せずに製品の一部となっている場合に使う表現。
	This bookshelf **is made of** wood.	この本棚は木で作られている。

09 22	**be tired of ~**	~に飽きている
		▶ of の後ろに動詞がくる場合は *do*ing の形になる。
	Koji **is tired of** listening to her.	コウジは彼女の言うことを聞くのにうんざりしている。

09 23	**come up with ~**	~を思いつく
	Harold **came up with** a gift for Mother's Day.	ハロルドは母の日のプレゼントを思いついた。

09 24	**cheer up**	① ~を元気づける ② 元気になる
	They visited Roger and **cheered** him **up**.	彼らはロジャーのところに行って彼を元気づけた。

09 25	**all the way to ~**	~までずっと
		▶ all the way home（家までずっと）という表現も覚えておこう。
	The children sang **all the way to** school.	子どもたちは学校までずっと歌を歌った。

09 26	**talk to *oneself***	ひとり言を言う
	My grandmother sometimes **talks to herself**.	祖母は時々ひとり言を言う。

09 27	**lose** *one's* **way**	道に迷う（≒get lost）
	We **lost** our **way** in a deep forest.	深い森で私たちは道に迷った。

09 28	**get a chance to** *do*	～する機会を得る
	Jessica **got a chance to** meet her favorite actress.	ジェシカは大好きな女優に会う機会を得た。

09 29	**in the middle of** ～	① （時間的に）～の半ばで ② （空間的に）～の真ん中で
	Thomas fell asleep **in the middle of** the musical.	トーマスはミュージカルの途中で眠ってしまった。

09 30	**go away**	出かける
	Let's **go away** for a few days.	2、3日出かけよう。

09 31	**be surprised at** ～	～に驚く
	I **was surprised at** the size of the cake.	私はそのケーキの大きさに驚いた。

09 32	**get on** ～	〈電車・バスなど〉に乗る（⇔ get off ～）
	We were late because we **got on** the wrong bus.	私たちは間違ったバスに乗ったために遅刻した。

09 33	**be in trouble**	困っている
	Nick always helps me when I **am in trouble**.	ニックはいつも私が困っていると助けてくれる。

09 34	**both of ~**	~の両方とも
	Both of the computers in our house are broken.	わが家のコンピュータは両方とも壊れている。

09 35	**get excited**	興奮する
	Karen **got excited** when she saw the poster.	カレンはそのポスターを見て興奮した。

09 36	**shout at ~**	~に向かって叫ぶ、~をどなりつける
	Have you ever **shouted at** your children?	あなたはこれまでに子どもをどなりつけたことがありますか。

09 37	**a piece of ~**	1つの~、1枚の~ ► ~には数えられない名詞が入る。
	Would you like **a piece of** apple pie?	アップルパイを1切れいかがですか。

09 38	**a sheet of ~**	1枚の~
	The teacher gave each student **a sheet of** paper.	先生は生徒に紙を1枚ずつ渡した。

09 39	**at once**	すぐに
	You should call him **at once**.	すぐに彼に電話したほうがいいですよ。

09 40	**a bottle of ~**	1びんの~
	I always bring **a bottle of** water when I go to the gym.	私はジムに行くときはいつも水を1びん持っていく。

09 41 ☐☐☐	**have to** *do*	~しなければならない

We **have to** leave before 5:00 p.m., or we'll miss our flight. | 私たちは午後5時前に出発しなければならない。さもないと飛行機に乗り遅れる。

09 42 ☐☐☐	**look for ~**	~を探す

He went to the store to **look for** a new calendar. | 彼は新しいカレンダーを探しに店に行った。

09 43 ☐☐☐	**need to** *do*	~する必要がある

She **needs to** write a report tonight. | 彼女は今晩レポートを書く必要がある。

09 44 ☐☐☐	**go and** *do*	~しに行く

Let's **go and** buy some drinks. | 飲み物を買いに行こう。

09 45 ☐☐☐	**want to** *do*	~したい

I **want to** learn about European history. | 私はヨーロッパ史について学びたい。

09 46 ☐☐☐	**decide to** *do*	~することにする

I've **decided to** study German next year. | 来年、ドイツ語を勉強することにした。

09 47 ☐☐☐	**take** *A* **to** *B*	AをBへ連れていく[持っていく]

You should **take** them **to** Asakusa. | あなたは彼らを浅草に連れていくべきだ。

09 48	**want** *A* **to** *do*	A に~してほしい
	I **want** more people **to** know about Japanese food.	私はもっと多くの人に日本食について知ってほしい。

09 49	**in front of** ~	~の前で
	Becky doesn't like to talk **in front of** people.	ベッキーは人前で話すのが好きではない。

09 50	**help** *A* **with** *B*	A の B を手伝う
	She **helped** her son **with** his homework.	彼女は息子の宿題を手伝った。

09 51	**lots of** ~	多くの~（≒a lot of ~）
	There are **lots of** parks in our town.	私たちの町には多くの公園がある。

09 52	**be late for** ~	~に遅れる
	Kyle **is** always **late for** work in the winter.	カイルは冬になるといつも仕事に遅れる。

09 53	**plan to** *do*	~する予定だ
	They **plan to** go to London together next year.	彼らは来年一緒にロンドンに行く予定だ。

09 54	**do well**	成功する、成績がよい
	She **did well** on the science test.	彼女は理科のテストで成績がよかった。

193

09 55	**because of ~**	~のために
		► 長文中で because of this（このため）の形でもよく出題されている。
	I could not sleep well last night **because of** the noise.	私はゆうべ、その物音のためによく眠れなかった。

09 56	**forget to *do***	~するのを忘れる
		► forget *doing* だと「～したことを忘れる」という意味になる。
	Walter **forgot to** take his umbrella this morning.	ウォルターは今朝、傘を持って出るのを忘れた。

09 57	**next to ~**	~の隣に
	There is a famous bakery **next to** the bus stop.	そのバス停の隣に有名なパン屋がある。

09 58	**go on a trip**	旅行に出かける
	The class **went on a trip** to Hokkaido last summer.	そのクラスは昨年の夏、北海道へ旅行に行った。

09 59	**more than ~**	~より多い、~以上
		► 厳密には、日本語の「～以上」と違ってその数を含まない。
	That building was built **more than** 100 years ago.	あの建物は 100 年以上前に建てられた。

09 60	**be sold out**	売り切れる
	The art show tickets **were sold out** in a few hours.	その美術展のチケットは数時間で売り切れた。

09 61	**at that time**	そのときは、その当時は（≒then）
	At that time I was working at a restaurant.	当時私はレストランで働いていた。

09 62	**stop** *doing*	~するのをやめる

	Suddenly, Lydia **stopped** play**ing** the drums.	リディアは突然、ドラムを演奏するのをやめた。

09 63	**in the future**	将来 (は)

	Victor wants to be an astronaut **in the future**.	ビクターは将来宇宙飛行士になりたいと思っている。

09 64	**wake up**	① 目を覚ます　② ~を起こす ▸ 動詞 wake は wake-woke-woken と活用する。

	I **woke up** at 5:30 this morning.	私は今朝 5 時半に起きた。

09 65	**wait for ~**	~を待つ

	We **waited for** Debra for an hour.	私たちはデブラを 1 時間待った。

09 66	**finish** *doing*	~し終える

	Pam **finished** writ**ing** the report early.	パムはレポートを早めに書き終えた。

09 67	**like** *A* **better**	A のほうが好きだ

	Katherine eats meat, but she **likes** fish **better**.	キャサリンは肉を食べるが、魚のほうが好きだ。

09 68	**come and** *do*	~しに来る

	Frank **came and** saw me yesterday.	昨日フランクが私に会いに来た。

09 69 It is ~ to *do.*

…するのは~だ

It is easy to make this dessert. このデザートを作るのは簡単だ。

09 70 be ready to *do*

~する準備ができている

Are you **ready to** leave? 出かける準備はできていますか。

09 71 twice a week

週に 2 回
► 「週に 1 回」は once a week、「週に 3 回」
 は three times a week と言う。

Jack goes to Chinese language classes **twice a week**. ジャックは週に 2 回中国語教室に通っている。

09 72 talk about ~

~について話をする

My uncle sometimes **talks about** space to us. おじは時々私たちに宇宙の話をしてくれる。

09 73 look like ~

~のように見える、~に似ている

That cloud **looks like** a whale. あの雲はクジラのように見える。

09 74 get to ~

~に着く

She **got to** work on time today. 彼女は今日時間通りに職場に着いた。

09 75 hope to *do*

~したいと思う

Carol **hopes to** volunteer at a zoo. キャロルは、動物園でボランティアをしたいと思っている。

09 76	**on weekends**	週末に
		▶ on weekdays (平日に) という表現も覚えておこう。
	Jeff goes surfing **on weekends**.	ジェフは週末にはサーフィンに行く。

09 77	**try to** *do*	~しようとする
	She **tried to** finish the project in only two days.	彼女はその課題をたった2日で終えようとした。

09 78	**arrive at** ~	~に着く
		▶ 比較的狭い場所に「着く」という意味。
	Michelle **arrived at** the airport at 9:00.	ミシェルは9時に空港に着いた。

09 79	**hear about** ~	~について耳にする
	Did you **hear about** Oliver's car accident?	オリヴァーの交通事故について聞いた?

09 80	**right now**	今、現在
	Dr. Hill is not here **right now**.	ヒル先生は今ここにおりません。

09 81	**say hello to** ~	~によろしく言う
	Please **say hello to** your parents.	ご両親によろしくお伝えください。

09 82	**stay home**	家にいる
	You should **stay home** when you are sick.	病気のときは家にいるべきだ。

09 ▶
82

09 83	**come back**	戻ってくる、帰ってくる
	Tomoko **came back** from Canada yesterday.	トモコは昨日、カナダから帰ってきた。

09 84	**one day**	いつか（≒someday）
	I would like to go to New Zealand **one day**.	私はいつかニュージーランドに行きたい。

09 85	**such as ~**	~のような
	She likes Japanese foods, **such as** sushi, natto, and tempura.	彼女は寿司、納豆、天ぷらのような日本食が好きだ。

09 86	**thousands of ~**	何千もの~ ► hundreds of ~ なら「何百もの~」という意味。
	They came to the island **thousands of** years ago.	彼らは何千年も前にその島にやってきた。

09 87	**around the world**	世界中で、世界中の ► around the country なら「国中で」という意味。
	Carnival is held in many countries **around the world**.	カーニバルは世界中の多くの国で行われている。

09 88	**fall off ~**	~から落ちる
	Kumi **fell off** the bed while she was sleeping.	クミは寝ている間にベッドから落ちた。

09 89	**on sale**	① セール中で、特価で ② 販売されて
	These sweaters are **on sale** now.	これらのセーターは今、セール中だ。

09 90	**on *one's* way home**	家に帰る途中で
	Can you buy some milk **on your way home** from work?	仕事から家に帰る途中で牛乳を買ってきてくれる?

09 91	**pay for ~**	~の代金を支払う
	His parents **pay for** everything.	彼の両親は何でも支払ってくれる。

09 92	**call back**	~に電話をかけ直す、折り返し電話する
	I'm on the train right now, so I'll **call** you **back** later.	今電車の中なので、あとでかけ直します。

09 93	**take a trip**	旅行をする ► take a trip to ~ で「~に旅行をする」という意味。
	We **took a trip to** Paris for our summer vacation.	私たちは夏休みにパリに旅行をした。

09 94	**many kinds of ~**	いろいろな種類の~
	This store sells **many kinds of** toy trains.	この店ではいろいろな種類のおもちゃの電車を売っている。

09 95	**go back to ~**	~に戻る、帰る
	She is **going back to** New Zealand next week.	彼女は来週ニュージーランドに帰る。

09 96	**on foot**	歩いて、徒歩で
	She is traveling around the country **on foot**.	彼女は全国を徒歩で旅して回っている。

09 97	**be excited about ~**	~にわくわくしている
	She **is excited about** meeting her favorite movie director.	彼女は大好きな映画監督に会えることにわくわくしている。
09 98	**give back**	~を返す
	Give my pen **back** to me after you are finished.	書き終わったらペンを返してね。
09 99	**for free**	無料で、ただで
	If your computer breaks, we'll fix it **for free**.	あなたのコンピュータが故障したら無料で修理します。
10 00	**right away**	すぐに (≒at once)
	I'll be there **right away**.	すぐにそちらに行きます。
10 01	**for a long time**	長い間
	Jun has wanted a puppy **for a long time**.	ジュンは長い間子犬が欲しいと思っている。
10 02	**get ready for ~**	~の準備をする
	I need to **get ready for** my trip.	私は旅行の準備をしなければならない。
10 03	**stay with ~**	~の家に泊まる、滞在する
	Steve **stayed with** his friends for the summer.	スティーヴは夏の間、友人の家に滞在した。

10 04	on time	時間通りに

Please try to arrive **on time**.　時間通りに着くようにしてください。

10 05	have a fever	熱がある

I think I might **have a fever**.　私は熱があるかもしれないと思う。

10 06	have a good time	楽しい時を過ごす

▶ have a great time という形で出題されることもある。

Have a good time at the concert.　コンサートを楽しんできてね。

10 07	next time	次回は、次は

I'm sure that I'll be able to pass the test **next time**　次はきっとテストに合格できると思います。

10 08	go home	家に帰る

Go home before it gets dark.　暗くなる前に家に帰りなさい。

10 09	see a doctor	医者に診てもらう

You should **see a doctor**.　あなたは医者に診てもらったほうがいい。

10 10	catch a cold	風邪をひく

▶ have a cold（風邪をひいている）という表現も覚えておこう。

Chris **caught a cold** after swimming in the ocean.　クリスは海で泳いだあと、風邪をひいた。

201

10 11	**on vacation**	休暇で

My sister is going to Hawaii **on vacation**. / 姉は休暇でハワイに行く予定だ。

10 12	**graduate from ~**	~を卒業する

Julian **graduated from** university last year. / ジュリアンは去年、大学を卒業した。

10 13	**travel around ~**	~を旅行して回る

He **traveled around** the country on a bike. / 彼は自転車でその国を旅行して回った。

10 14	**win a prize**	受賞する

Sara **won a prize** at the science fair. / サラは科学博覧会で賞を取った。

10 15	**stay up late**	遅くまで起きている

She **stayed up late** last night. / 彼女はゆうべ遅くまで起きていた。

10 16	**not as ~ as A**	A ほど~ではない

This curry is**n't as** spicy **as** that one. / このカレーはあのカレーほど辛くない。

10 17	**don't have to *do***	~する必要はない

You **don't have to** wait for me. / 私のことを待つ必要はありません。

10 18	**at work**	① 仕事中で ② 職場で
	My father was **at work** all weekend.	父は週末中仕事をしていた。
10 19	**think of ~**	① ~について**考える**、~を検討する ② ~を**思いつく** ► think of *doing*で「~しようかと考える」という意味。
	He is **thinking of** opening a café in the future.	彼は将来、カフェを開こうかと考えている。
10 20	**take _A_ home**	A を家に持って帰る
	Please make sure to **take** your garbage **home**.	ごみは必ず家に持って帰ってください。
10 21	**get _A_ _B_**	A に B を買う
	My mother **got** me a wallet for my birthday.	母は私の誕生日に財布を買ってくれた。
10 22	**on stage**	舞台で、舞台に出て
	All of the actors stood **on stage** together.	俳優全員がそろって舞台に立った。
10 23	**speak to ~**	① ~と話をする ② ~に話しかける
	May I **speak to** you after class?	授業のあとお話できますか。
10 24	**write to ~**	~に手紙を書く
	Lisa sometimes **writes to** her grandfather.	リサは時々、祖父に手紙を書く。

10
24 ►

10 25	**take a walk**	散歩をする
	My mother often **takes a walk** before lunch.	母はよく昼食前に散歩をする。

10 26	**let me know …**	…を知らせてください
	Let me know if you are free on Tuesday.	火曜日が暇かどうか知らせてください。

10 27	**not ~ anymore**	もう～ない
	Grace does**n't** need our help **anymore**.	グレースはもはや私たちの助けを必要としていない。

10 28	**arrive in ~**	～に着く ▶ 比較的広い場所に「着く」という意味。
	Harry **arrived in** Brazil in the evening.	ハリーは夕方ブラジルに着いた。

10 29	**where to *do***	どこで～したらいいか、 どこに～したらいいか
	The man told me **where to** get on the bus to the hospital.	男性はどこで病院行きのバスに乗ったらいいか教えてくれた。

10 30	**one of the ~**	～のうちの一つ
	This is **one of the** paintings that I painted in high school.	これは私が高校で描いた絵のうちの一つだ。

10 31	**have a party**	パーティーを開く
	Are you planning to **have a party** for your birthday?	あなたの誕生日にはパーティーを開く予定ですか。

10 32 learn about ~	~について知る
He **learned about** the war in class today.	彼は今日授業でその戦争について学んだ。
10 33 remember to *do*	~するのを忘れない、忘れずに~する
Remember to put your lunch in your bag.	お弁当をかばんに入れるのを忘れないでね。
10 34 a kind of ~	一種の~
That is **a kind of** rose.	それはバラの一種だ。
10 35 sign up	申し込む、申請する
If you want to join the race, **sign up** soon!	レースに参加したい人は、すぐに申し込んでください！
10 36 ask *A* for *B*	A に B を求める
I **asked** Michael **for** some advice.	私はマイケルにアドバイスを求めた。
10 37 leave for ~	~へ出発する
I am going to **leave for** Nagoya tomorrow morning.	私は明日の朝、名古屋へ出発する。
10 38 for *oneself*	自分で、自力で
Brian often cooks dinner **for** himself these days.	ブライアンは近ごろよく自分で夕食を作っている。

10 39	**millions of ~**	何百万もの~、無数の~ ► million は「百万」。thousands of ~（何千 もの~）と同じタイプの熟語。
	Millions of people visit the church every year.	毎年何百万人もの人がその教会を訪れる。
10 40	**feel sick**	気分が悪い、吐き気がする
	I always **feel sick** when I'm on a boat.	船に乗ると、私はいつも気分が悪くなる。
10 41	**become well known**	有名になる
	He **became well known** for his mystery novels.	彼は推理小説で有名になった。
10 42	**on the way home**	家に帰る途中で
	Nathan saw a pretty bird **on the way home**.	ネイサンは家に帰る途中、きれいな鳥を見た。
10 43	**love** *do*ing	~するのが大好きだ
	They **love** climb**ing** mountains.	彼らは山登りが大好きだ。
10 44	**introduce** *A* **to** *B*	A を B に紹介する
	I'll **introduce** you **to** the team members.	チームのメンバーにあなたのことを紹介しましょう。
10 45	**take** *A* **for a walk**	A を散歩に連れていく
	My sister **takes** the dog **for a walk** every morning.	妹は毎朝、犬を散歩に連れていく。

10 46 ☐☐☐	**thanks to ~**	~のおかげで
	Thanks to your help, I could finish the job.	あなたの助けのおかげで、その仕事を終えることができました。

10 47 ☐☐☐	**come over**	(自宅に) やって来る
	Do you want to **come over** to play video games?	テレビゲームをしに来ない?

10 48 ☐☐☐	**these days**	最近、近ごろ
	He is working as an engineer **these days**.	最近、彼はエンジニアの仕事をしている。

10 49 ☐☐☐	**after work**	仕事のあと
	She went to dinner with a friend **after work**.	彼女は仕事のあと、友人と夕食を食べに行った。

10 50 ☐☐☐	**across from ~**	~の向かい側に
	He sat **across from** a famous actor.	彼は有名な俳優の向かい側に座った。

10 51 ☐☐☐	**take a photo**	写真を撮る
	Erica **took a photo** of the beautiful ocean.	エリカは、その美しい海の写真を撮った。

10 52 ☐☐☐	**talk to ~**	~と話す
	He **talks to** his mother on the phone every night.	彼は毎晩母親と電話で話す。

1053 don't need to *do*	~する必要はない
You **don't need to** buy tickets.	チケットを買う必要はありません。

1054 get a good score	よい点［成績］を取る
She **got a good score** on the history exam.	彼女は歴史の試験でよい点を取った。

1055 on the right	右側に、右手に ► on the left（左側に、左手に）という表現も覚えておこう。
The convenience store is **on the right**.	コンビニエンスストアは右側にある。

1056 go on vacation	休暇に出かける、休暇を取る
Ryan will **go on vacation** next month.	ライアンは来月、休暇を取る予定だ。

1057 show *A* around *B*	AにBを案内する ► show *A* around（Aに辺りを案内する）という表現も覚えておこう。
Luke **showed** the tourists **around** the museum.	ルークは観光客に博物館を案内した。

1058 less than ~	~より少ない（⇔more than ~）
Brenda finished the job in **less than** three hours.	ブレンダは3時間足らずでその仕事を終えた。

1059 at the moment	ちょうど今
Mr. Cooper is in Canada on business **at the moment**.	クーパーさんはちょうど今、出張でカナダに行っている。

10 60	**be surprised to *do***	~して驚く
	Greg **was surprised to** hear the news.	グレッグはそのニュースを聞いて驚いた。

10 61	**fall asleep**	寝つく、眠りに落ちる
	I **fell asleep** during the movie.	私は映画の間に寝てしまった。

10 62	**take a shower**	シャワーを浴びる
	He **took a** quick **shower** before work.	彼は仕事に行く前にさっとシャワーを浴びた。

10 63	**be angry with ~**	~に怒っている
	Mr. Kay **was angry with** me because I was late.	私が遅刻したのでケイ先生は腹を立てた。

10 64	**the other day**	先日、この間
	I went to lunch with her **the other day**.	この間彼女と昼食を食べに行った。

10 65	**at the beginning of ~**	~の初めに
	I try to exercise **at the beginning of** the day.	私は一日の初めに運動するようにしている。

10 66	**play catch**	キャッチボールをする ▶ 英語では「キャッチボール」を catch と言う。
	My father **played catch** with me a lot when I was little.	私が小さかったころ、父はよく私とキャッチボールをしてくれた。

1067 take a break

休憩する
► have a break とも言う。

We should **take a break** to eat lunch.
休憩してお昼ご飯を食べましょう。

1068 all right

① 構わない ② 大丈夫な、元気な

Is it **all right** to bring a friend with me?
友だちを連れてきてもいいですか。

1069 not ~ yet

まだ〜ない

I have **not** seen the movie **yet**.
私はまだその映画を見ていない。

1070 get back

① 戻る ② 〜を取り戻す

What time did you **get back**?
何時に帰ってきたの？

1071 bring back

〈もの〉を持って帰る、〈人〉を連れて帰る

You can borrow the book, but please **bring** it **back** by Monday.
その本を貸してもいいけど、月曜日までに返してね。

1072 get lost

道に迷う（≒lose *one's* way）

I **got lost** on the way to Linda's house.
リンダの家に行く途中で、私は道に迷った。

1073 at last

ついに、ようやく（≒finally）

We finished the big project **at last**.
私たちはついにその大きなプロジェクトを終えた。

| 10 74 | **get better** | (病気などが) よくなる |

I hope you will **get better** soon.　あなたが早くよくなることを願っています。

| 10 75 | **all the time** | とても頻繁に、いつも |

My little sister watches TV **all the time**.　妹はいつもテレビを見ている。

| 10 76 | **mix** *A* **and** *B* | AとBを混ぜる、混ぜ合わせる |

Mix eggs **and** flour together.　卵と小麦粉を混ぜ合わせます。

| 10 77 | **be busy** *doing* | ～するのに忙しい |

▶ be busy with ～ (～に忙しい) という表現も覚えておこう。

Hank **is busy** writing his history report.　ハンクは歴史のレポートを書くのに忙しい。

| 10 78 | **another glass of** ～ | もう1杯の～ |

May I have **another glass of** water, please?　もう1杯水をいただけますか。

| 10 79 | **no one** | だれも～ない |

No one knows the answer to this problem.　だれもこの問題の答えを知らない。

| 10 80 | **hear from** ～ | 〈人〉から便り [連絡・電話] がある |

It has been three months since I've **heard from** him.　彼から最後に連絡があってから3か月になる。

211

10 81	laugh at ~	~を見て[聞いて]笑う
	Everyone **laughed at** the funny joke.	その面白い冗談に、みんな笑った。

10 82	outside of ~	① ~の外に[で] ② ~以外に
	Let's meet **outside of** the building.	建物の外で会いましょう。

10 83	ask for ~	~を求める、要求する
	The man **asked for** a quiet table by the window.	その男性は窓際の静かなテーブルを希望した。

10 84	be kind to ~	~に親切だ
	Tony **is kind to** everyone.	トニーはだれにでも親切だ。

10 85	have a fight	けんかをする
	His parents **had a fight** about money.	彼の両親はお金のことでけんかをした。

10 86	all around ~	~中
	There are flowers **all around** this park.	この公園はいたるところに花が咲いている。

10 87	no more ~	もう(それ以上)~ない
	Oh, there are **no more** eggs in the fridge.	あれ、もう冷蔵庫に卵がない。

10 88 make money

金をかせぐ、利益を上げる

The company **makes** a lot of **money** every year.

その会社は毎年大きな利益を上げている。

---

10 89 stop at ~

~に立ち寄る

They **stopped at** the aquarium after work.

彼らは仕事のあと、水族館に立ち寄った。

---

10 90 would love to *do*

ぜひ~したい

I **would love to** go to the U.S. with you.

ぜひあなたと一緒にアメリカに行きたいです。

---

10 91 for example

例えば

I like winter sports. **For example**, skiing and snowboarding.

私はウィンタースポーツが好きです。例えばスキーとかスノーボードとか。

---

10 92 hundreds of ~

何百もの~

My brother has **hundreds of** comic books.

兄は漫画を何百冊も持っている。

---

10 93 help *A* to *do*

A が~するのを**手伝う**
► help *A do* の形も使われる。

Hannah **helped** her team **to** win the game.

ハンナはチームが試合に勝つのに貢献した。

---

10 94 hear of ~

~ (のうわさ) を**聞く**

Have you **heard of** this book before?

これまでにこの本の話を聞いたことがありますか。

10 95 □□□	**had better** *do*	~したほうがよい、~するべきだ ► 否定形は had better not *do* の形。
	You **had better** arrive early if you want a ticket.	チケットが欲しいなら早く到着したほうがいいですよ。
10 96 □□□	**check for ~**	~がないか確認する、調べる
	Check for cars before you cross the road.	道路を横断する前に車が来ていないか確認しなさい。
10 97 □□□	**look after ~**	~の世話をする (≒take care of ~)
	I **looked after** my neighbor's dogs during the holidays.	休暇(きゅうか)中、私は隣人の犬の世話をした。
10 98 □□□	**look well**	元気そうだ
	She **looked** really **well** when I saw her.	私が会ったとき、彼女はとても元気そうだった。
10 99 □□□	**cut** *A* **out of** *B*	A を B から切り抜く、切り取る
	She **cut** the puzzle **out of** the newspaper.	彼女は新聞からパズルを切り抜いた。
11 00 □□□	**in** *one's* **free time**	暇(ひま)なときに、自由な時間に
	I usually listen to music **in my free time**.	私は普段暇なときには音楽を聴く。
11 01 □□□	**take out**	① ~を取り出す、持ち出す ② 〈食べ物〉をテイクアウトする
	Mandy **took out** 20 books from the library.	マンディは図書館から本を 20 冊借りた。

11 02	**write down**	~を書き留める
	The students **wrote down** what Mr. Black said.	生徒たちはブラック先生の言うことを書き留めた。

11 03	**cut** *A* **into pieces**	*A*を切る、刻む
	She **cut** the carrot **into** small **pieces**.	彼女はニンジンを細かく刻んだ。

11 04	**a type of ~**	~の一種
	A poodle is **a type of** dog.	プードルは犬の一種だ。

11 05	**work on ~**	~に取り組む
	I've been **working on** my history report for over a week.	私は1週間以上、歴史のレポートに取り組んでいる。

11 06	**change** *A* **into** *B*	*A*を*B*に変える
	At the airport, I **changed** my dollars **into** yen.	私は空港でドルを円に換えた。

11 07	**of all ages**	あらゆる年齢の
	This show is popular among children **of all ages**.	この番組はあらゆる年齢の子どもたちの間で人気がある。

11 08	**sound like ~**	~のように聞こえる、~に思われる
	It **sounds like** an interesting book.	それは面白い本のようですね。

11 09 ☐☐☐ **all kinds of ~**	あらゆる種類の~
Joanne likes **all kinds of** animals.	ジョアンヌはあらゆる種類の動物が好きだ。
11 10 ☐☐☐ **down the street**	通りを進んで
My house is **down the street**.	私の家は通りを行ったところにあります。
11 11 ☐☐☐ **come in**	(中に) 入る
Welcome. Please **come in**.	ようこそいらっしゃいました。どうぞお入りください。
11 12 ☐☐☐ **which** *A* **to** *do*	どちらの A を~したらいいか
I cannot decide **which** TV **to** buy.	どちらのテレビを買うべきか決められない。
11 13 ☐☐☐ **go for a drive**	ドライブに行く
Every weekend, he **goes for a drive** in his car.	毎週末、彼は自分の車でドライブに出かける。
11 14 ☐☐☐ **by the way**	ところで
By the way, did you get the job?	ところで、仕事は決まったの？
11 15 ☐☐☐ **so (that)** *A* **can** *do*	A が~できるように
Buy eggs **so that I can** make breakfast tomorrow.	明日私が朝食を作れるように、卵を買ってきて。

11 16 go hiking

ハイキングに行く ► go swimming は「泳ぎに行く」、go shopping は「買い物に行く」、go surfing は「サーフィンをしに行く」。

She **goes hiking** almost every weekend.

彼女はほぼ毎週末ハイキングに行く。

11 17 stop *A* from *do*ing

A が～するのをやめさせる

My mother **stopped** me **from** going out in the rain.

母は私が雨の中外出するのをやめさせた。

11 18 work for ~

～に勤めている

He **works for** a famous newspaper in New York.

彼はニューヨークの有名な新聞社に勤めている。

11 19 get home

帰宅する、家に着く

What time do you **get home** from work?

あなたは仕事から何時に帰宅しますか。

11 20 a part of ~

～の一部

This movie is **a part of** a long series.

この映画は長いシリーズの一部だ。

11 21 fall over

(つまずいて) 転ぶ

The old woman **fell over** in the street.

その年配の女性は路上で転んだ。

11 22 at the bottom of ~

～の底に

There are many animals **at the bottom of** the ocean.

海底には多くの動物がいる。

11 23	**by the end of ~**	~の終わりまでに
☐☐	Please call me back **by the end of** this week.	今週末までに折り返し電話をください。

11 24	**in the past**	昔は、かつては
☐☐	He was a great ice hockey player **in the past**.	彼はかつてアイスホッケーの名選手だった。

11 25	**at the back of ~**	~の後ろに、~の奥に
☐☐	Your winter coat is **at the back of** the closet.	あなたの冬用のコートはクローゼットの奥にありますよ。

11 26	**get out**	① (車から) 降りる ② (場所から) 出て行く
☐☐	Please stop at the station. I'll **get out** there.	駅で止まってください。そこで降ります。

11 27	**give a talk**	話をする、講演をする
☐☐	The scientist **gave a talk** about space travel.	その科学者は宇宙旅行について講演した。

11 28	**have a look at ~**	~を (一目) 見る
☐☐	Do you want to **have a look at** my pet kitten?	ペットの子ネコを見てみない?

11 29	**in total**	全部で、合計で
☐☐	The trip to Guam cost 200,000 yen **in total**.	グアム旅行は全部で 20 万円かかった。

11 30 all year round

一年中
► all the year around とも言う。

This hotel is open **all year round**.

当ホテルは一年中営業しております。

11 31 cut down

〈木など〉を切り倒す

The city **cut down** all the trees on this street.

市はこの通りの木をすべて伐採した。

11 32 do the dishes

皿洗いをする

She **does the dishes** every night before bed.

彼女は毎晩寝る前に皿洗いをする。

11 33 up to ~

（最大）~まで

The car holds **up to** five people.

その車には5人まで乗れる。

11 34 in those days

その当時

In those days, you couldn't easily talk to people all over the world.

その当時は、世界中の人々と簡単に話すことなどできなかった。

11 35 slow down

スピードを落とす、減速する

Can you **slow down**? My feet hurt.

スピードを落としてくれる？ 足が痛いんだ。

11 36 feel like *do*ing

~したい気がする

I don't **feel like** going out today.

今日は外出する気がしない。

11 37	change *one's* mind	気が変わる
	He wanted to be a dancer, but then he **changed his mind**.	彼はダンサーになりたかったが、その後気が変わった。
11 38	get together	〈人が〉集まる
	Owen's friends **got together** to celebrate his birthday.	オーウェンの友人たちは彼の誕生日を祝うために集まった。
11 39	name *A* after *B*	B にちなんで A を名づける
	Beth **named** her daughter **after** her grandmother.	ベスは祖母にちなんで娘の名前をつけた。
11 40	a bit	少し、ちょっと
	It is **a bit** too cold to go outside in just a T-shirt.	T シャツだけで外に出るにはちょっと寒すぎる。
11 41	in a minute	すぐに
	I'll be there **in a minute**.	すぐにそこに行きます。
11 42	take place	行われる
	The ceremony **took place** at a church.	その式典は教会で行われた。
11 43	as ~ as *A* can	A ができるだけ~
	I will finish my homework **as** quickly **as I can**.	できるだけ早く宿題を終わらせます。

11 44 be known as ~

~として知られている

| He **is known as** Spain's most famous author. | 彼はスペインの最も有名な作家として知られている。 |

11 45 be about to *do*

（まさに）~しようとしている

| I **was** just **about to** buy this shirt. | 私はまさにこのシャツを買おうとしていた。 |

11 46 a friend of mine

友だちの一人
► mine の代わりに his、hers などが入ることもある。

| The journalist is **a friend of mine**. | そのジャーナリストは私の友人の一人です。 |

11 47 get away from ~

~から逃げる、解放される

| I **got away from** the city during summer vacation. | 私は夏休みに都会から抜け出した。 |

11 48 by mistake

間違って、うっかり

| I took the wrong bus **by mistake**. | 私はうっかり間違ったバスに乗ってしまった。 |

11 49 as soon as …

…するとすぐに

| **As soon as** I get home, I will call you. | 家に着いたらすぐに、電話するよ。 |

11 50 this way

① このようにして　② こちらの方へ

| I usually bake bread **this way**. | 私は普段、このようにしてパンを焼いている。 |

ここでは、3 級のライティングで使える英文パターンをご紹介しましょう。

3

基本例文

By reading books, I can learn a lot of new things.

本を読むことで、多くの新しいことを学ぶことができます。

〈By *doing*, 人＋ can *do*〉で「〜することで、人は…することができる」という意味を表します。これも英作文では応用範囲の広い表現です。

バリエーション

▷ **By** eating outside, I **can** enjoy the fresh air.

　屋外で食べることで、新鮮な空気を楽しむことができます。

▷ **By** going abroad, I **can** talk with foreign people.

　海外に行くことで、外国人と話すことができます。

▷ **By** watching videos, I **can** learn a wide variety of things.

　動画を見ることで、さまざまなことを知ることができます。

4

基本例文

When I play video games, I can relax.

テレビゲームをすると、リラックスできます。

〈When＋ 主語 1 ＋動詞 , 主語 2 ＋ can *do* 〜〉は「主語 1 が…するとき、主語 2 は〜することができる」という意味の構文です。上の例のように主語 1 と主語 2 が共通の場合も、異なる場合もあります。when の代わりに if（〜すれば）を使うのも似たパターンです。もちろん can を使わない文もあります。

バリエーション

▷ **When** my room is clean, I **can** find things easily.

　部屋がきれいだと、ものを簡単に見つけることができます。

▷ **When** a player scores a goal, the whole team gets excited.

　選手がゴールを決めると、チーム全体が興奮します。

▷ **If** you clean your room on Sunday morning, you will have free time in the afternoon.

　日曜日の午前中に部屋を掃除すれば、午後に自由時間ができます。

Part 3

会話表現

ここでは3級の筆記大問1や大問2、リスニング第1部、第2部で出題された会話表現を取り上げています。音声に合わせて繰り返し音読することで、スピーキング力アップにもつながります。

11
51

Do you know why this box is here?

なぜこの箱がここにあるのか知っていますか。

▸ Do you know why? (なぜだか知っていますか) 単独でも使われる。

11
52

A: Hello. This is Emily. May I speak to Jill?
B: Sure. **Hold on, please.**

A: もしもし。エミリーです。ジルをお願いできますか。
B: はい。少々お待ちください。

11
53

A: I'm really nervous about my interview.
B: **Don't worry.** You'll do fine.

A: 面接のことでとても緊張しているんだ。
B: 心配しないで。うまくいくわよ。

11
54

A: **Could you** turn down that music?
B: What? I can't hear you.

A: その音楽の音量を下げていただけますか。
B: 何ですって？ 聞こえません。

11
55

A: Is the planetarium open on Mondays?
B: **I'm not sure.** Let's check the website.

A: プラネタリウムは月曜日開いてる？
B: 知らない。ウェブサイトを調べてみよう。

11
56

A: **Why don't we** go out for Thai food tonight?
B: Sounds good.

A: 今夜、タイ料理を食べに行かない？
B: いいね。

11
57

A: **What's wrong?**
B: I lost my favorite pencil.

A: どうしたの？
B: お気に入りの鉛筆をなくしちゃったんだ。

▸ 「～はどうしたのですか」は What's wrong with ～? と言う。

11 58

A: You look tired. **What's the matter?**
B: I stayed up all night last night.

A: 疲れているみたいね。どうしたの?
B: ゆうべ徹夜だったんだ。

▶ What's the problem?と言ってもほとんど同じ意味。

11 59

A: **Why don't you** come with me to the mall?
B: Sounds great. I'd love to.

A: 私と一緒にショッピングモールに行かない?
B: いいね。ぜひ。

11 60

A: I'm going surfing next Saturday.
B: **That sounds like fun.**

A: 今度の土曜日にサーフィンに行くの。
B: 楽しそうだね。

▶ 単に Sounds like fun. または Sounds fun. とも言う。

11 61

A: **Is this seat taken?**
B: No, it's not.

A: この席は空いていますか。
B: はい、空いています。

▶ 直訳すれば「この席は取られていますか」という意味。

11 62

A: Are you ready to go out?
B: **No, not yet.**

A: 出かける準備はできましたか。
B: いいえ、まだです。

11 63

A: This book is about humans living in space.
B: **That sounds** interesting!

A: この本は宇宙で暮らしている人間について書かれているんだ。
B: それは面白そうだね。

11 64

A: May I speak with Billy, please?
B: I'm sorry. **You have the wrong number.**

A: ビリーをお願いできますか。
B: すみませんが、おかけ間違いです。

| 11 65 | How much does it cost to go to the amusement park? | 遊園地に行くのにいくらかかりますか。 |

| 11 66 | A: **Have you ever** tried Russian food?
B: No, I haven't. Have you? | A: ロシア料理を食べてみたことはありますか。
B: いいえ、ありません。あなたは？ |

| 11 67 | A: My name is Hannah.
B: **I'm glad to meet you,** Hannah. | A: 私はハンナと言います。
B: はじめまして、ハンナ。 |

▸ It's nice to meet you. とも言う。

| 11 68 | A: I have too much homework to go out this weekend.
B: **How about** next weekend**?** | A: 今週末は宿題が多くて出かけられないの。
B: 来週末はどう？ |

▸ What about ~? とも言う。

| 11 69 | **I'd like to** buy this coat. | このコートを買いたいのですが。 |

| 11 70 | A: Did you have fun at the concert?
B: **Of course.** | A: コンサートは楽しかった？
B: もちろん。 |

| 11 71 | **How often** do you study German? | ドイツ語はどのくらいの頻度で勉強していますか。 |

72
A: **How long** is the movie?
B: About two hours.

A: 映画の長さはどれくらいですか。
B: だいたい2時間です。

73
A: Thank you for your help.
B: **No problem.**

A: 手伝ってくれてありがとう。
B: どういたしまして。

▶ 何か頼まれて「いいですよ」と答える場合にも使う。

74
A: **How was** the baseball game?
B: It was fun.

A: 野球の試合はどうだった?
B: 楽しかったよ。

75
A: I'm glad it's the weekend.
B: **Me, too.**

A: 週末でうれしいよ。
B: 私も。

76
A: The event was canceled because it's raining.
B: **That's too bad.**

A: 雨が降ってて、イベントが中止になったの。
B: それは残念だね。

77
A: Do you want anything to drink?
B: No, **that's OK.**

A: 何か飲み物はいる?
B: ううん、大丈夫。

78
A: **Would you like to** watch a movie together?
B: Sorry, I can't, but thanks for asking.

A: 一緒に映画を見ませんか。
B: すみませんが行けません。でも聞いてくれてありがとう。

11
79

A: OK, I'll see you later.
B: **See you.**

A: それじゃあ、あとでね。
B: またね。

▸ See you の後ろに later (あとで)、at five (5時に)、next week (来週)、there (そこで) などがつくこともある。

11
80

A: I don't like mushrooms.
B: **Why not?**

A: キノコが好きじゃないんだ。
B: どうして?

▸ 否定や禁止に対する返答として使う。

11
81

Welcome to the City Art Museum.

市立美術館へようこそ。

11
82

A: I'm going to give my mother concert tickets for her birthday.
B: **Good idea.**

A: 誕生日に、母にコンサートのチケットをあげるんだ。
B: それはいい考えだね。

▸ That's a good [great] idea. とも言う。

11
83

A: Do you need anything else?
B: No, **that's all.**

A: ほかに何か必要なものはありますか。
B: いいえ、それで全部です。

11
84

A: My teacher is very angry at me.
B: **What happened?**

A: 先生が私のことをすごく怒ってるんだ。
B: どうしたの?

11
85

I'm sure that Matt will pass the test.

マットはきっとテストに合格すると思います。

---

11 86

A: Will you pass me the sugar?
B: Sure. **Here you are.**

A: 砂糖を回してもらえる?
B: いいよ。はい、どうぞ。

► ものを差し出すときに使う。Here you go. もほとんど同じ意味。

11 87

I can't wait to visit Indonesia next spring.

来年の春、インドネシアに行くのが待ち遠しいです。

► 単に I can't wait. (楽しみだ、待ちきれない) という言い方もある。

11 88

A: Do you want to come to the party tonight?
B: **I'd love to.**

A: 今夜パーティーに来ない?
B: ぜひ行きたいです。

11 89

A: **What do you think of** our new English teacher?
B: He seems like a nice person.

A: 新しい英語の先生をどう思う?
B: いい人みたいだね。

11 90

A: Have my seat. I'll get off at the next station.
B: **That's kind of you.**

A: 席をどうぞ。次の駅で降りますから。
B: ご親切にどうも。

11 91

A: The speech contest is next week.
B: **Good luck.**

A: スピーチコンテスト、来週なんだ。
B: がんばって。

11 92

A: Thank you so much for your help this weekend.
B: **Not at all.**

A: 今週末は手伝ってくれてどうもありがとう。
B: どういたしまして。

Part 3 Unit 16

---

11 93

A: Do you want to get a coffee while we wait?
B: **That sounds great.**

▸ great の代わりに good、perfect、lovely などを使うこともある。

A: 待っている間にコーヒーを飲まない?
B: いいね。

---

11 94

A: Could I speak to Mr. White?
B: **I'm afraid** he is out at the moment.

A: ホワイト先生とお話しできますか。
B: あいにく、今外出しております。

---

11 95

A: Excuse me. Where's the post office?
B: It's near here. **I'll show you.**

▸ 行動や図などで示して教える場合に使う。

A: すみません。郵便局はどこですか。
B: この近くです。ご案内します。

---

11 96

A: **Thank you for** helping me with my report.
B: No problem.

A: レポートを手伝ってくれてありがとう。
B: どういたしまして。

---

11 97

A: Have you been to this zoo before?
B: No. **This is my first time.**

A: 以前、この動物園に来たことはありますか。
B: いいえ、これが初めてです。

---

11 98

A: **Can I** have one of those cookies?
B: Sure.

A: そのクッキー、一つ食べてもいい?
B: いいわよ。

---

11 99

How many times have you been abroad?

海外には何回行ったことがありますか。

230

12 00	A: Excuse me. May I try this hat on? B: **Certainly.**	A: すみません。この帽子をかぶってみてもいいですか。 B: もちろんです。
12 01	A: You're the mayor's daughter. B: Yes, **that's right.**	A: あなたは市長の娘さんですね。 B: はい、そうです。
12 02	A: **What happened to** Hideo? B: I don't know.	A: ヒデオはどうしたの？ B: 知らないわ。
12 03	A: Can you get me a drink? B: Yes, **I'll be right back.**	A: 飲み物を取ってきてくれる？ B: うん、すぐ戻ってくるよ。
12 04	A: Do you want some cake? B: **No, thanks.**	A: ケーキはいかがですか？ B: 結構です。
12 05	A: That movie was great. B: **I agree.**	A: あの映画、最高だったな。 B: そうだね。
12 06	A: **It's time for** dinner, Meg. B: OK. I'm coming.	A: 夕食の時間だよ、メグ。 B: わかった、すぐ行く。

▶ It's time to *do*. (～する時間だ) という言い方もある。

231

12 07 □□□	A: Have you taken a shower already? B: **Not yet.**	A: もうシャワーを浴びたの？ B: ううん、まだ。

12 08 □□□	A: **Here's** the book you ordered. B: Thank you.	A: こちらがご注文の本です。 B: ありがとうございます。

12 09 □□□	A: Sorry, but Ms. Brown is out now. **Can I take a message?** B: Yes, please.	A: 申し訳ありませんが、ブラウンはただ今外出中です。ご伝言を承りましょうか。 B: はい、お願いします。

12 10 □□□	A: **Guess what!** B: What? A: I'm getting married!	A: ちょっと聞いて！ B: 何？ A: 私、結婚するの。

► 話を切り出すときに使う。

12 11 □□□	A: I passed my entrance exams. B: **Congratulations!**	A: 入試に合格したんだ。 B: おめでとう！

► 相手の成功に対して使う言葉。誕生日などには使わない。

12 12 □□□	A: **Thanks for your help.** B: No problem.	A: 手伝ってくれてありがとう。 B: どういたしまして。

12 13 □□□	A: **Would you like** some ice cream? B: I'd love some.	A: アイスクリームはいかがですか。 B: ぜひいただきたいです。

12 14

A: We should take a short break.

B: **You're right.**

A: ちょっと休憩をとったほうがいいね。

B: そうだね。

---

12 15

A: Can I have a glass of juice?

B: Sure. **Help yourself.**

A: ジュースを1杯飲んでもいい？

B: うん。ご自由にどうぞ。

---

12 16

A: Do you have this sweater in a larger size?

B: **I'm afraid not.**

A: このセーターの大きいサイズはありますか。

B: 申し訳ありませんが、ありません。

---

12 17

A: Do you think it'll rain tomorrow?

B: **I hope not.**

A: 明日は雨が降ると思う？

B: そうでないといいんだけど。

---

12 18

A: **May I help you?**

B: Yes, I'm looking for a scarf for my wife.

A: 何かお探しですか。

B: はい、妻のためにスカーフを探しています。

► (How) can I help you? とも言う。

---

12 19

A: I'll have the cheese pizza, please.

B: **Anything else?**

A: チーズピザをお願いします。

B: ほかにご注文はありますか。

---

12 20

A: **Could I have** another knife, please?

B: Certainly.

A: ナイフをもう1本いただけますか。

B: かしこまりました。

---

12 21	A: Can I borrow your eraser? B: **Go ahead.**	A: 消しゴムを借りてもいいですか。 B: どうぞ。

▶ 許可を求められたときなどに使う。

12 22	A: **How do you like** your new phone? B: I love it.	A: 新しい電話はどう? B: とても気に入っているよ。

▶ 感想を尋ねるときの言い方。

12 23	A: Thank you for helping me with my speech. B: **It was my pleasure.**	A: スピーチの手伝いをしてくれてありがとう。 B: どういたしまして。

▶ 単に My pleasure. とも言う。

12 24	**Attention**, shoppers. The store is closing in 15 minutes.	お買い物中の皆さまにお知らせします。当店はあと 15 分で閉店となります。

12 25	A: Have you seen my phone? B: **Here it is.**	A: 僕の電話を見なかった? B: はい、これ。

12 26	A: Have a nice weekend! B: **Same to you.**	A: よい週末を! B: あなたもね。

12 27	A: I'm sorry, but I can't go to the party on Friday. B: That's OK. **Maybe next time.**	A: 申し訳ないけど、金曜日のパーティーに行けないんだ。 B: 大丈夫よ。また次の機会にね。

12 28

A: Thank you for helping me to move.
B: **You're welcome.**

A: 引っ越しを手伝ってくれてありがとう。
B: どういたしまして。

12 29

A: I don't like tomatoes.
B: **Me, neither.**

A: トマトは好きじゃないんだ。
B: 私も。

12 30

A: Did you have fun at school today?
B: **Not really.**

A: 今日、学校は楽しかった？
B: あんまり。

12 31

A: I'd like to go to the theater by bus. **How long will it take?**
B: Maybe about 20 minutes.

A: バスで劇場に行きたいのですが。どのくらいかかりますか。
B: たぶん 20 分くらいでしょう。

▶「～するのにどのくらい時間がかかりますか」なら take の後ろに to *do* がつく。

12 32

A: May I help you with anything, ma'am?
B: No, that's OK. **I'm just looking.**

A: お客さま、何かご用はございますか。
B: いいえ、結構です。見ているだけですから。

12 33

A: Are you ready to leave?
B: **Just a minute.** I can't find my wallet.

A: 出かける準備はできた？
B: ちょっと待って。財布が見つからないんだ。

▶ Just a moment. もほとんど同じ意味。

12 34

A: **Is that for here or to go?**
B: To go, please.

A: こちらでお召し上がりですか、お持ち帰りですか。
B: 持ち帰りでお願いします。

12 35 ☐☐☐	A: Excuse me. Is the library on this street? B: Sorry, I don't know. **I'm a stranger here.**	A: すみません。図書館はこの通りにありますか。 B: すみませんが、わかりません。ここは不案内なんです。
12 36 ☐☐☐	A: How do you like the sweater? B: I love it. **I'll take it.**	A: そちらのセーターはいかがですか。 B: とても気に入りました。それをいただきます。
12 37 ☐☐☐	A: **What's the problem?** B: Matthew's phone broke.	A: どうしたのですか。 B: マシューの電話が壊れたんです。
12 38 ☐☐☐	A: See you later. B: See you. **Have a good day.**	A: じゃあ、またね。 B: じゃあね。いい一日を過ごしてね。

► Have a great day. もほとんど同じ意味。

12 39 ☐☐☐	A: I got a perfect score on the Japanese test! B: **Good job**, Mike!	A: 日本語のテストで満点を取ったよ! B: よくやったね、マイク!

► You did a good job. とも言う。

12 40 ☐☐☐	A: **Are you all right?** B: Yeah, I'm fine.	A: 大丈夫ですか。 B: ええ、大丈夫です。
12 41 ☐☐☐	A: I'm sure you'll get the job. B: **I hope so.**	A: きっとその仕事につけますよ。 B: そうだといいんですが。

12 42

A: **How's** your science project **going?**

B: I've already finished it.

A: 理科の課題の進み具合はどう?
B: もう終わったよ。

---

12 43

A: Why don't we meet at the station at 6:00?

B: OK. **I'll be there.**

A: 6時に駅で会うのはどう?
B: わかった。じゃあそこで。

---

12 44

Your table is ready. **Please come this way.**

テーブルのご用意ができました。
どうぞこちらへ。

---

12 45

A: Where do you want to go this weekend?

B: **Let me see.** How about going to the mall?

A: 今週末はどこに行きたい?
B: ええと。ショッピングモールに行くのはどう?

---

12 46

A: OK, I'll see you later.

B: Bye. **Nice talking to you.**

A: それじゃあ、またね。
B: じゃあね。話ができてよかったよ。

---

12 47

A: **Is something the matter?**

B: Yeah, I'm just worried about Maria.

A: 何かあったの?
B: ええ、マリアのことでちょっと心配しているの。

---

12 48

How far is it from Los Angeles **to** New York?

ロサンジェルスからニューヨークまでどのくらい離れていますか。

12 49	A: Larry can't come tonight because he is sick. B: **I see.**	A: ラリーは具合が悪くて今夜は来られないんだ。 B: わかった。
12 50	A: **Have you ever been to** Tokyo Sky Tree? B: No, I haven't.	A: 東京スカイツリーに行ったことはありますか。 B: いいえ、ありません。
12 51	A: Have a nice weekend. B: Thanks. **You, too.**	A: いい週末をね。 B: ありがとう。あなたもね。
12 52	A: **Get well soon.** B: Thank you.	A: 早くよくなってね。 B: ありがとう。
12 53	A: Please, **have a seat.** B: Thank you.	A: どうぞ座ってください。 B: ありがとう。
12 54	A: **What would you like?** B: The fish, please.	A: 何になさいますか。 B: 魚をお願いします。
12 55	A: Could you help me with this job? B: **I'd be glad to.**	A: この仕事を手伝ってもらえませんか。 B: 喜んで。

12
56
A: **Are you feeling better?**
B: Yeah, a little.

A: 気分はよくなった？
B: うん、少しね。

12
57
A: Is Ms. Smith there?
B: **Speaking.**

A: スミスさんはいらっしゃいます
　 か。
B: はい、私です。

12
58
A: Whose turn is it?
B: **It's your turn.**

A: だれの番？
B: あなたの番よ。

12
59
A: **Well done.**
B: Thank you.

A: よくやったね。
B: ありがとうございます。

12
60
A: **How are you feeling?**
B: I'm a little tired.

A: 調子はいかがですか。
B: ちょっと疲れています。

12
61
A: Pass me the salt, please.
B: **Here you go.**

A: 塩を取ってください。
B: はいどうぞ。

▶ ものを差し出すときに使う。

12
62
A: I forgot my backpack on the
　 train yesterday.
B: **That's terrible.**

A: きのう、電車にリュックを忘れ
　 ちゃって。
B: それは大変だったね。

239

12 63	A: I have to go to the post office this morning. B: **What for?**
	A: 今朝は郵便局に行かないといけないんだ。 B: 何で？

12 64	A: Hi, Mary. B: Oh, hi Ernest. **Nice to see you.**
	A: やあ、メアリー。 B: あら、アーネスト。会えてうれしいわ。

12 65	A: Hurry up! B: **I'm coming.**
	A: 急いで！ B: 今行くよ。

12 66	A: **Here's your change.** B: Thank you.
	A: こちらがおつりです。 B: ありがとう。

12 67	A: Will Susan come to the party? B: **I don't think so.**
	A: スーザンはパーティーに来るかな。 B: そうは思わないな。

12 68	A: **What is** Tokyo **like?** B: It's really crowded, but I love it.
	A: 東京はどんな感じですか。 B: とても人が多いですが、気に入っています。

12 69	A: **Can we** use the tennis court? B: Sure. Go ahead.
	A: テニスコートを使ってもいいですか。 B: いいですよ。どうぞ。

12 70	A: Have you seen Jim? B: No, why? **Is something wrong?**	A: ジムを見なかった? B: いいや、なぜ? どうかしたの?

12 71	A: I hope we don't have any homework this weekend. B: **That would be nice.**	A: 今週末は宿題がないといいな。 B: だといいね。

12 ▶
76

12 72	A: What did you do last weekend? B: **Not much.** I just stayed at home.	A: 先週末はどうしてた? B: 別に。家にいただけだよ。

12 73	A: It's going to take a few hours to clean this room by myself. B: **I can help you.**	A: この部屋を一人で掃除したら2、3時間かかりそうだよ。 B: 手伝ってあげるよ。

12 74	A: Did you buy that book? B: Yeah, but it's not for me. **It's for you.**	A: その本を買ったの? B: うん、でも自分用ではないんだ。君に買ったんだよ。

12 75	A: Here. **Have my seat.** B: Thank you very much.	A: さあ。こちらの席をどうぞ。 B: どうもありがとうございます。

▶ 自分の席を譲る言い方。

12 76	A: **Be sure to** arrive early. B: OK. I will.	A: 早く着くようにしてね。 B: ええ、そうします。

12 77	A: That movie was so great. B: **It really was.**	A: あの映画はすごくよかったね。 B: 本当にそうね。
12 78	A: Here are our tickets. B: Thank you. **This way, please.**	A: これがチケットです。 B: ありがとうございます。こちら へどうぞ。
12 79	A: I passed the test. B: **You did it!**	A: 試験に合格したの。 B: やったね！
12 80	A: **A table for two, please.** B: Certainly. Would you like inside or outside?	A: 2人用のテーブルをお願いし ます。 B: かしこまりました。屋内と屋外 のどちらになさいますか。
12 81	A: **Good luck on** your science test. B: Thanks!	A: 理科のテスト、がんばってね。 B: ありがとう！
12 82	A: You should just build the website by yourself. B: **I don't know how.**	A: 自分でウェブサイトを作ればい いんだよ。 B: 作り方がわからないよ。
12 83	A: Goodbye. **Take care of yourself.** B: Thanks. You, too.	A: さようなら。体に気をつけて ね。 B: ありがとう。君もね。

84
A: **What can I do to help you?**
B: I'm looking for a dress for a party.

A: 何かお探しですか。
B: パーティーに着ていくドレスを探しています。

85
I heard that Sally is in the hospital.

サリーが入院していると聞きました。

86
A: Can I come to your house at 3:00 p.m.?
B: **That's fine with me.**

A: お宅に午後3時にうかがってもいいですか。
B: 私はそれで構いませんよ。

87
A: Please get here before 7:00 p.m.
B: **I'll try.**

A: 午後7時前にここに来てください。
B: やってみます。

88
A: You should go home. You don't look good.
B: **I'll be OK.**

A: 家に帰ったほうがいいよ。顔色がよくないから。
B: 大丈夫です。

89
A: Is it all right if I bring a friend?
B: I think so, but **let me** ask Jessica first.

A: 友だちを連れていっても大丈夫?
B: そう思うけれど、まずジェシカに聞いてみるよ。

90
A: I'll see you tomorrow.
B: **Take care.**

A: また明日。
B: 気をつけてね。

▶ 親しい人に対して使う別れのあいさつ。

243

索引

この索引には、本書で取り上げた約1,740の単語と熟語、会話表現がアルファベット順に掲載されています。数字はページ番号を示しています。薄い数字は、語句が類義語や反意語、派生関係の語、語注やミニコラムで取り上げた語として収録されていることを表しています。

単語

A

above	026, 082
abroad	012
absent	052
accident	010
acrobat	065
across	032
action	102
active	044
activity	044
actor	074
actress	074
actually	142
ad	166
add	102
address	042
adult	136
adventure	144
advertise	166
advertisement	166
advice	021, 022
advise	022
afraid	100
again	110
against	098
age	020
ago	070
agree	080
agreement	080
air	052
air conditioner	137
air force	150
airplane	128
airport	118
alarm	070
alarm clock	023
all	060
almost	090
alone	034
along	050
already	020
also	110
although	164
amateur	020, 021, 105
amaze	144
amazing	144

among	020
amusement park	097
angry	016
ankle	169
announcement	164
another	012
answer	052
anyone	092
anything	016
anytime	076
anyway	144
anywhere	136
apartment	126
apartment house	126
appliance	168
apron	024
aquarium	022
area	050
arm	152
army	150
around	112
arrive	120
art	135
art museum	070
artist	065
as	094
ask	062
assistant	084
astronaut	069, 140
athlete	158
attack	166
attend	154
attraction	160
aunt	121
autumn	013
award	150

B

back	169
bad	098
badly	098
bake	040
baker	105
bakery	040, 132
ballet	105, 131
balloon	077
bamboo	129
band	131
bank	097

barbecue	077
bathroom	045
bathtub	045
battle	166
beach	095
beautiful	163
because	108
become	088
before	050
begin	118
behind	030
believe	016
below	026
belt	145
beside	036
better	120
bike	099
billion	153, 162
blanket	080
blind	162
block	038
blossom	129
boat	099
body	102
boil	024
bookcase	045
bored	166
boring	012
borrow	014, 028
boss	071, 150
both	130
bottle	138
bowl	025
bread	141
break	015, 048
bridge	150
bright	030
brightly	030
bring	015, 054
British	168
broken	092
brush	038
build	014, 124
building	124
burn	044
bus stop	151
business	100
business trip	167
busy	088
butter	152

button	142	classmate	130	couple	068
buy	036	clean	010, 088	course	104
by	060	clear	024, 058	court	144
		clearly	024, 058	cousin	120

C

		clerk	167	cover	052
cafeteria	041	clever	010	crash	166
calendar	021	click	082	cross	010
call	054	climb	013, 096	crossing	151
camping	123	close	050	crowded	046
can	025	closed	120	cry	036
cancel	148	closet	045	cucumber	119
candle	023	cloth	149	cultural	016
capital	032	clothes	118	culture	016
captain	134	cloud	076	curtain	044
card	081	cloudy	076, 127	custom	068, 108
care	048, 132	club activity	041	customer	130
careful	024, 132, 163	coach	018		
carefully	024, 132	coat	105

D

carnival	123	cold	127		
carpenter	098	collect	038, 056	damage	105
carrot	119	collection	038, 056	dancer	105
carry	034	collector	056	danger	032
cartoon	077	college	074	dangerous	032, 036
case	094	color	072	dark	012, 030
castle	097	colored pencil	087	date	072
catch	052	comedy	140	daughter	120, 121
ceiling	082	comfortable	160	day	055
celebrate	042	comic book	148	dead	020
celebration	042, 123	common	106	death	020
cell phone	138	company	074	decade	055
center	078	competition	123	decide	048
central	078	concert	123	decorate	086
century	036, 055	concert hall	131	decoration	086
ceremony	086	contact	026	deep	028
chalk	087	contest	114	deeply	028
champion	159	continent	095	deer	115, 161
chance	058	continue	012	delicious	048
change	016	control	084	dentist	064
channel	044	convenience	168	design	018
cheap	030, 072	convenience store	134	designer	105
cheaply	072	convenient	168	detective	065
check	116	cookbook	155	develop	100
chef	010	cool	042	development	100
cherry	129	copy	146	diamond	149
child	114, 136	copy machine	071	die	020
China	117	corner	094, 151	difference	020, 090
Chinese	117	correct	018	different	020, 090
choose	034	correction	018	differently	090
chopsticks	025, 079, 150	correctly	018	difficult	054
church	096, 100	cost	074	difficulty	054
circle	104	costume	144	direct	046
circus	077	could	112	director	046
city hall	146	count	044	dirty	010
civilization	016	counter	084, 157	disagree	080
		country	116	discount	154

dish	120	everything	080	fish	115
distance	164	everywhere	092	fit	026
distant	164	exam	140	fitting room	024
doctor	074	example	084	fix	140
doghouse	155	excellent	022	flag	152
dollar	105	exchange	018	flat	051, 166
dolphin	161	excited	056	flight	042
doughnut	141	exciting	030	floor	034, 157
downstairs	160	exercise	042	florist	084
downtown	162	exit	042, 156	flour	059
draw	090	expect	102	flower	059, 129
drawing	130, 131	expectation	102	fly	128
dream	094	expense	030	follow	016
dress	081, 122	expensive	030, 072	following	016
dressing	133	experience	136	food	110
drive	048	explain	010	food court	157
driver's license	099	explanation	010	foot	115, 169
drop	098	express	168	for	098
drugstore	024	express train	099	foreign	013, 142, 150
dry	022, 100	expression	168	foreigner	142
during	014			forest	078
		F		forever	038
E				forget	062
		fact	066	free	072
each	064	factory	148	French	116
ear	169	fair	168	fresh	066
early	054	fall	064	fridge	136
Earth	069	familiar	068	friendly	148
easily	136	famous	088	frog	161
east	085	fan	024, 137	front	076
eastern	085	far	094	front desk	037
easy	054, 136	farm	042, 124	front door	045
either	030	farmer	042, 124	front gate	157
elementary school	041	fashion	148	full	016
elephant	161	fast	058	full-time	132
elevator	021, 022, 157	fasten	156	fun	114, 128
else	062	fat	102, 104	funny	116, 128
end	120	favorite	108	furniture	168
energy	106	feel	015, 058	future	028
English	135	fence	045		
enjoy	070, 110	ferry	099	**G**	
enjoyable	070, 110	festival	118		
enough	018	few	042	garage	080
enter	042, 062	field	078	garbage	012
entire	096	fight	080	garden	045
entrance	042, 062, 156	figure	068	gardening	077
entry	062	final	018, 146	gate	078
environment	094	final exam	146	gentleman	158
eraser	087	finally	018, 146, 210	German	117
ethnic	086	find	028, 088	Germany	117
even	092	fine	040	ghost	154
event	021, 120	finger	169	gift	126
ever	056	finish	060	give	012, 015, 060
everybody	160	firework	144	glad	028
everyone	160	first	060	glass	149

glasses	079, 130	holiday	122	**J**
glove	098	homestay	146	
glue	087	hometown	136	jacket	145
goal	058, 082	hope	050	jail	097
god	168	horizon	068	Japan	117
gold	149	horror	142	Japanese	117
grade	130	horse	161	jazz	131
granddaughter	121	hospital	097	jeans	079, 145
grandfather	121	hour	055, 112	job	060
grandmother	121	housework	154	jog	124
grandparent	118, 121	however	126	jogging	124
grandson	121	human	166	join	028
ground	144	humor	106	joke	160
group	092	hundred	153	journalist	044
grow	014, 016	hurricane	127	judge	026
guess	050	hurry	098	juice	141
guest	130, 152	hurt	016	just	070
guide	080	husband	124	kangaroo	021
guidebook	037			
guitarist	065	**I**		**K**
gym	159			
		ice	156	keep	026
H		idea	074	ketchup	133
		if	110	key	040
habit	068	imagination	068, 106	kick	084
haircut	155	imagine	068	kid	144
hairdresser	105	importance	122	kill	156
half	124	important	122	kilometer	105
hamburger	141	in	118	kind	054
handle	100	incorrect	018	kitchen	045
hang	046	inexpensive	030	kite	077
happen	014	inform	020	kitten	161
hard	038	information	020	knee	168
hate	164	information desk	157	knife	025
head	068	injure	166	knock	012
health	036, 040	injury	166	know	015
healthy	036, 040	inside	092, 116	
hear	015, 082	instead	038	**L**
heart	169	instrument	158	
heater	137	interest	102	lady	140
heavy	050	interested	076, 102	lake	095, 132
height	086	interesting	102, 116, 128	land	098
helpful	162	international	164	language	094
helpfully	162	Internet	122	last	012, 086
herb	129, 133	interview	022	later	054
hero	152	introduce	066	laugh	020
high	082, 086	introduction	066	lead	154
hike	120	invent	066	leader	154
hill	060	invention	066	leaf	046, 129
hip	169	invite	014	learn	088
history	114, 135	island	013, 095, 134	leave	070
hit	066	Italian	117	leg	169
hobby	076	Italy	117	lend	014, 028
hold	046			less	080
hole	059, 100			lettuce	119

librarian	065	medicine	132	noise	150, 158
license	154	medium	158	noisy	056, 150, 158
life	072	meet	016	noodle	141
light	050, 094, 137	meeting	070	noon	138, 156
lightly	094	meeting room	071	north	084, 085, 156
limit	104	melt	164	northern	085, 156
line	048	member	124	notebook	087
list	100	memorial	012	nothing	098
listen	013	memory	012	notice	126
living room	148	message	058	novel	044
local	142	midnight	138, 156	nurse	150
locker	071, 126	million	152, 153		
lonely	160	mind	102	**O**	
long	094	minute	054		
look	108	mirror	022	ocean	076
loose	020	miss	056	office	070
lose	028, 034	mistake	032	office hours	071
loser	076	mix	164	often	013
lost	148	model	078	Olympic Games	158
loud	036	money	088	once	090
loudly	036	month	055, 114	one	112
lovely	156	moon	069	onion	119
low	082	most	116	online	152
lower	016	mountain	095	opening hours	167
luck	078	mouse	115, 150	opening sale	167
luckily	078	move	048	orchestra	021
lucky	078	movement	048	order	014
lunchtime	071	museum	070	other	048
		mushroom	119, 138	outside	092, 116
M		music	135	oven	140
		musical	144	over	074
machine	138	musical instrument	158	overcome	106
magazine	023	musician	064	overseas	012
mail	059, 156	must	126	oversleep	024
main	056	mysterious	106, 144	own	090, 138
main office	071	mystery	106, 144	owner	090, 138
mainly	056				
make	015	**N**		**P**	
male	059				
mall	097	narrow	050, 066	P.E.	134
man	115	nation	154	package	064
manager	096	national	142, 154	painter	105
map	036	national park	097	painting	130
marathon	134	native	150	pan	025
marriage	146	natural	094, 108	pants	079, 081, 145
married	146	naturally	094, 108	paper	126, 149
marry	146	nature	094, 108	parade	096
match	159	navy	150	parent	110
math	135	necessary	102	parking	151, 162
maybe	116	need	060	part	076
meal	140	neighbor	100	part-time	132
mean	018, 082	nervous	030	part-time job	167
meaning	018, 082	never	034	pass	010
medal	159	news	124	passenger	156
medical	132	newspaper	023	passport	037

past	028	pretty	132	recycling	042
pay	056	price	128	relax	022
payment	056	pride	068	relaxing	022
peace	162	principal	148	remember	116
peaceful	024, 162, 163	print	154	repeat	038
peel	026	printer	154	report	114
pencil case	087	private	070	reporter	104
penguin	105	prize	032	rest	146
pepper	133	probably	040	return	032
perfect	130	problem	060	rich	076, 104
perfectly	130	professional	020	ride	114
perform	022, 042	program	096	right	064, 072
performance	022, 042	project	040	ring	080
person	128	promise	050	rise	052
photo	122	protect	076	road	090, 151
photographer	162	proud	068	rock	134
pianist	065	public	070	root	129
pick	030	pull	052, 096	rose	129
piece	056	pumpkin	119	round	051, 108
pig	161	puppy	161	rubbish	012
pillow	023	purpose	058, 082	rule	092
pizza	141	push	052, 096	ruler	087
place	054, 096	put	046, 143		
plan	014			**S**	
plane	128	**Q**			
planet	068			sad	118
planetarium	046	queen	150	safe	032, 036, 108
plant	128	question	090	safety	036, 108
plastic	081, 149	quick	040, 066	sail	059
plastic wrap	044	quickly	040, 066	sailor	065
plate	025	quiet	036, 038, 056, 150	sale	059, 124, 154
platform	098	quietly	038, 056	salesclerk	132
playground	041	quiz	077	salt	133, 134
pocket	145			salty	011
point	058	**R**		same	122
pollute	080			sandwich	141
pollution	080	rabbit	161	sauce	133
pond	095, 102	race	124	sausage	141
pool	097	racket	159	save	048
poor	076, 104	radio	132	say	110
popular	112	radish	119	scare	140, 164
pork	141	rainbow	127	scared	164
possible	108	rainy	127	scarf	081, 145
possibly	108	raise	016	scary	140
postcard	023	reach	028	schedule	034
poster	128, 151	ready	062	school trip	041
pot	025	real	032	science	064, 135
potato	119	really	032	science fiction	158
power	152	reason	056	scientist	064
powerful	152, 160, 163	receive	012	scissors	026, 079
practice	042, 088	recent	098	score	152
preparation	104	recently	098	sea	098
prepare	104	recipe	022	seafood	155
present	126	recite	106	season	064
president	140	recycle	042	seat belt	099

second	055
secret	030
secretly	030
section	096
seem	108
sell	048, 143
send	112, 143
sentence	024
serve	032, 162
service	032, 162
session	168
set	102
several	140
shake	044
shape	078
share	028
shark	161
sharp	051
shine	166
shock	084, 086
shocked	086
shocking	084
shoes	079, 145
short	094
should	110
shout	068
show	070
shower	045
shrine	100
shut	052
shy	014
shyly	014
sick	072
side	036
sight	104
sightseeing	037, 138
sign	018, 151
silent	014
simple	104
since	026
sincerely	142
sir	118
sit	143
size	062
skate	081
ski	081
slow	058, 066
slowly	058, 066
smart	080
smell	032
smile	086
smoke	168
smoker	168
snack	124
snake	161

snowboard	081, 158
snowboarding	158
snowman	077
snowy	134
social studies	135, 158
socks	078
sofa	045, 105
soft	084
softly	084
soil	095
solar	026
soldier	156
someday	130, 198
someone	074
something	116
sometime	138
sometimes	118
somewhere	134
son	121, 130
soon	072
sorry	114
sound	050
sour	011
south	084, 085
southern	085, 156
souvenir	037
space	064, 069
Spain	117
Spanish	117
speak	052, 143
special	034
speech	052
speech contest	123
spell	081, 166
spelling	166
spend	028
spicy	011
spider	161
spot	096
spread	104
square	051
stadium	062
staff	138
stage	164
stamp	030
stapler	086
star	069, 092
statue	131
stay	062
steak	130
steal	059, 158
steel	059, 149
steering wheel	100
stew	136
still	028

stomach	154
storm	078
stormy	078, 127
straight	010
strange	138
street	151
strong	058, 074
student ID card	041
studio	097
subject	114
subway	142
succeed	154, 164
success	154, 164
successful	154, 163, 164
such	018
sudden	066
suddenly	066
sugar	132
suit	146
suitcase	037, 136
sun	069
sunflower	129
sunglasses	145
sunlight	095
sunny	127
support	160
supporter	160
surf	046
surprise	066
surprised	030, 066
surprising	066
sweater	128
sweet	011
swimmer	105
swimsuit	146
symbol	032
symbolic	032
system	102

T

all	094
taste	010
tasty	010
taxi	099
teammate	159
tell	054, 143
temple	100, 142
ten	153
terrible	152
textbook	041
than	062
the Olympics	158
theater	122
then	194

thick	051, **086**, 102	uncle	121
thin	051, 086, **102**, 104	understand	040
thing	116	underwater	155
think	**084**, 143	uniform	132
thirsty	064	university	120
though	164	until	010
thousand	153	unusual	162
through	060	upset	054
throw	142	upstairs	160
ticket	088	useful	056, 163
ticket office	157	usual	162
tie	145	usually	162
tiger	161	
tight	020	
tired	072	
title	046	vacation	112
toast	105	valley	095
together	110	vegetable	118
tomato	119	vending machine	151
tonight	114	video	146
tooth	115, 169	video game	077
top	134	view	096
total	106	village	082
touch	034	voice	058
tour	128	volunteer	020
tourist	034, 037, 128	
tournament	052	
towel	038	
toy	092	wait	062
tradition	044, 078	walk	142
traditional	044, 078	wall	045
traffic light	151	wallet	040
trainer	105	war	136
trash	012	warm	090
travel	112	washing machine	137
traveler	112	waste	046
trick	086	water	126
trip	110	way	090
trophy	159	weak	058, 074
trouble	106	wear	038
true	040	weather	112
truth	040	website	122
try	088	wedding	122
T-shirt	145	week	055
tuna	161	weekday	112
turn	026	weekend	112
turtle	161	welcome	136
TV	137	west	085
twice	090	western	085
type	058	wet	022, 100
typhoon	127	whale	160
		when	108
		while	018
		whole	059, 096
umbrella	023	wide	050, 066

wife	122
wild	148
win	028, 034
wind	126
windy	126
winner	076
wish	082
without	012
woman	115
wonderful	126, 163
wood	148
word	092
work	036
worker	146
workshop	167
worried	074
worry	106
worse	100
wrap	044
write	013, 082
writer	128
wrong	064

B

yard	160
year	055
yet	072
young	162
youth	162

Z

zoo	097

熟語

A

a bit	220
a bottle of ~	191
a couple of ~	179
a few ~	177
a friend of mine	221
a kind of ~	205
a lot of ~	193
a pair of ~	172
a part of ~	217
a piece of ~	191
a sheet of ~	191
a slice of ~	172
a type of ~	215
across from ~	032, 207
after work	207

U

agree with ~	179
all around ~	212
all by *oneself*	177
all day	174
all kinds of ~	216
all over ~	183
all right	210
all the time	211
all the way home	189
all the way to ~	189
all the year around	219
all year round	219
another glass of ~	211
around the country	198
around the world	198
arrive at ~	028, 197
arrive in ~	204
as ~ as A can	220
as soon as …	221
as soon as possible	187
as usual	173
ask A for B	205
ask A to *do*	182
ask for ~	212
at first	174
at last	018, 210
at once	191, 200
at that time	194
at the back of ~	218
at the beginning of ~	209
at the bottom of ~	217
at the end of ~	175
at the moment	208
at work	203

B

be able to *do*	176
be about to *do*	221
be absent from ~	186
be afraid of ~	173
be angry with ~	209
be at *one's* desk	181
be born	182
be busy *doing*	211
be busy with ~	211
be covered with ~	179
be different from ~	178
be dressed	180
be excited about ~	200
be famous for ~	185
be filled with ~	176
be full of ~	176
be good at ~	176
be in a hurry	186

be in trouble	190
be interested in ~	174
be kind to ~	212
be known as ~	221
be late for ~	193
be made from ~	187
be made of ~	189
be over	186
be poor at ~	176
be popular with ~	188
be proud of ~	177
be ready for ~	175
be ready to *do*	196
be sick in bed	176
be sold out	194
be surprised at ~	190
be surprised to *do*	209
be the same as ~	180
be tired of ~	189
be worried about ~	184, 186
because of ~	194
because of this	194
become friends with ~	188
become interested in ~	174
become well known	206
begin *doing*	183
begin to *do*	183
belong to ~	189
between A and B	184
both A and B	184
both of ~	191
break *one's* promise	173
bring back	210
bring up	016
by *oneself*	177
by mistake	221
by the end of ~	218
by the way	216

C

call back	199
catch a cold	201
change A into B	215
change *one's* mind	220
check for ~	214
cheer up	189
clean up	179
come and *do*	195
come back	198
come in	216
come over	207
come true	180
come up with ~	189
cut A into pieces	215

cut A out of B	214
cut down	219

D

decide to *do*	192
do *one's* best	172
do the dishes	219
do well	193
don't have to *do*	202
don't need to *do*	208
down the street	216

E

each other	175
either A or B	180
enjoy *doing*	182
enjoy *oneself*	183
enough A to *do*	187

F

fall asleep	209
fall down	186
fall off ~	198
fall over	217
far away	177
far from ~	183
feel like *doing*	219
feel proud of ~	177
feel sick	206
feel well	182
find out	184
finish *doing*	195
first of all	172
for *oneself*	205
for a long time	200
for a while	178
for example	213
for free	200
for the first time	183
forget *doing*	194
forget to *do*	194

G

get A B	203
get a chance to *do*	190
get a good score	208
get away from ~	221
get back	210
get better	211
get excited	191
get home	217

get hurt	016
get in trouble	180
get lost	190, 210
get married	177
get off ~	177, 190
get on ~	177, 190
get out	218
get ready for ~	200
get to ~	028, 196
get together	220
give A a hand	176
give A a ride	172
give a speech	178
give a talk	218
give back	200
give up	187
go and do	192
go away	190
go back to ~	199
go for a drive	216
go for a walk	187
go hiking	217
go home	201
go on a date	072
go on a trip	194
go on vacation	208
go out	183
go shopping	217
go surfing	217
go swimming	217
graduate from ~	202
grow up	172

H

had better do	214
have a break	210
have a chance to do	179
have a cold	201
have a fever	201
have a fight	212
have a good time	201
have a great time	201
have a headache	184
have a look at ~	218
have a party	204
have a stomachache	184
have a toothache	184
have fun	183
have to do	192
hear about ~	197
hear from ~	211
hear of ~	213
help A do	213
help A to do	213

help A with B	193
hope to do	050, 196
how to do	174
hundreds of ~	198, 213
hurry up	184

I

in one's free time	214
in one's opinion	181
in a minute	220
in fact	173
in front of ~	193
in the future	195
in the middle of ~	190
in the past	218
in those days	219
in total	218
introduce A to B	206
introduce oneself	181
invite A to B	177
It is ~ for A to do.	172
It is ~ to do.	196
It takes A B to do.	186
It takes A to do.	185

J

just in time to do	181

K

keep doing	186

L

laugh at ~	212
learn about ~	205
leave a message for ~	176
leave for ~	205
less than ~	208
let me know …	204
like A better	195
look after ~	183, 214
look around ~	180
look for ~	192
look forward to ~	174
look like ~	196
look well	214
lose one's way	190, 210
lots of ~	193
love doing	206

M

make A ~	175
make a mistake	175
make a speech	178
make money	213
many kinds of ~	199
millions of ~	206
mix A and B	211
more than ~	194, 208
most of ~	185
move to ~	182

N

name A B	178
name A after B	220
need to do	192
next time	201
next to ~	194
no more ~	212
no one	211
not ~ anymore	204
not ~ anything	185
not ~ at all	173
not ~ yet	210
not as ~ as A	202

O

of all ages	215
on one's way home	199
on one's way to ~	188
on business	180
on foot	199
on sale	198
on stage	203
on the left	208
on the right	208
on the way home	206
on the way to ~	181
on time	201
on vacation	202
on weekdays	197
on weekends	197
One ~, the other …	188
one day	198
one of the ~	204
outside of ~	212

P

pay A for B	181
pay for ~	199
pick up	182

plan to *do*	193
play catch	209
print out	154
put on	185, 187

R

remember to *do*	205
right away	200
right now	197
run away	173

S

say hello to ~	197
see a doctor	201
shake hands	173
share *A* with *B*	188
shout at ~	191
show *A* around	208
show *A* around *B*	208
sign up	205
slow down	219
so (that) *A* can *do*	216
so ~ that …	179
sound like ~	215
speak to ~	203
spend *A* *do*ing	187
spend *A* on *B*	185
start *do*ing	183
start to *do*	183
stay home	197
stay up late	202
stay with ~	200
stop *A* from *do*ing	217
stop *do*ing	195
stop at ~	213
such as ~	198

T

take *A* for a walk	206
take *A* home	203
take *A* to *B*	192
take a break	210
take a photo	207
take a shower	209
take a trip	199
take a walk	204
take care of ~	183, 214
take off	185, 187
take out	214
take part in ~	174
take place	220
talk about ~	196

talk on the phone	178
talk to ~	207
talk to *oneself*	189
tell *A* to *do*	182
than any other ~	179
than usual	173
thanks to ~	207
the other day	209
these days	207
think of ~	203
this way	221
thousands of ~	198
throw away	188
too ~ to *do*	174
travel around ~	202
try on	175
try to *do*	197
turn down	175, 188
turn off	178, 185
turn on	178, 185
turn up	175, 188
twice a week	196

U

up to ~	219

W

wait for ~	195
wake up	195
want *A* to *do*	193
want to *do*	192
what to *do*	178
where to *do*	204
which *A* to *do*	216
win a prize	202
without *do*ing	181
work for ~	217
work on ~	215
worry about ~	184, 186
would love to *do*	213
write back	184
write down	215
write to ~	203

会話表現

A

A table for two, please.	242
Anything else?	233
Are you all right?	236

Are you feeling better?	239
Attention, ~.	234

B

Be sure to *do* ~.	241

C

Can I *do* ~?	230
Can I help you?	233
Can I take a message?	232
Can we *do* ~?	240
Certainly.	231
Congratulations!	232
Could I have ~?	233
Could you *do* ~?	224

D

Do you know why ~?	224
Don't worry.	224

G

Get well soon.	238
Go ahead.	234
Good idea.	228
Good job.	236
Good luck.	229
Good luck on ~.	242
Guess what?	232

H

Have a good day.	236
Have a great day.	236
Have a seat.	238
Have my seat.	241
Have you ever *done* ~?	226
Have you ever been to ~?	238
Help yourself.	233
Here it is.	234
Here you are.	229
Here you go.	229, 239
Here's ~.	232
Here's your change.	240
Hold on, please.	224
How about ~?	226
How are you feeling?	239
How can I help you?	233
How do you like ~?	234

How far is it from A to B? 237
How long ~? 227
How long will it take? 235
How many times ~? 230
How much does it cost to do? 226
How often ~? 226
How was ~? 227
How's A going? 237

I

I agree. 231
I can help you. 241
I can't wait to do. 229
I don't know how. 242
I don't think so. 240
I heard … 243
I hope not. 233
I hope so. 236
I see. 238
I'd be glad to. 238
I'd like to do. 226
I'd love to. 229
I'll be OK. 243
I'll be right back. 231
I'll be there. 237
I'll show you. 230
I'll take it. 236
I'll try. 243
I'm a stranger here. 236
I'm afraid ~. 230
I'm afraid not. 233
I'm coming. 240
I'm glad to meet you. 226
I'm just looking. 235
I'm not sure. 224
I'm sure (that) … 228
Is something the matter? 237
Is something wrong? 241
Is that for here or to go? 235
Is this seat taken? 225
It really was. 242
It was my pleasure. 234
It's for you. 241
It's nice to meet you. 226
It's time for ~. 231
It's time to do. 231
It's your turn. 239

J

Just a minute. 235
Just a moment. 235
Let me do ~. 243
Let me see. 237

M

May I help you? 233
Maybe next time. 234
Me, neither. 235
Me, too. 227
My pleasure. 234

N

Nice talking to you. 237
Nice to see you. 240
No problem. 227
No, not yet. 225
No, thanks. 231
Not at all. 229
Not much. 241
Not really. 235
Not yet. 232

O

Of course. 226

P

Please come this way. 237

S

Same to you. 234
See you. 228
Sounds fun. 225
Sounds like fun. 225
Speaking. 239

T

Take care. 243
Take care of yourself. 242
Thank you for doing ~. 230
Thanks for your help. 232
That sounds ~. 225
That sounds great. 230
That sounds like fun. 225
That would be nice. 241
That's a good idea. 228
That's a great idea. 228
That's all. 228
That's fine with me. 243
That's kind of you. 229
That's OK. 227
That's right. 231
That's terrible. 239
That's too bad. 227
This is my first time. 230
This way, please. 242

W

Welcome to ~. 228
Well done. 239
What about ~? 226
What can I do to help you? 243
What do you think of ~? 229
What for? 240
What happened? 228
What happened to ~? 231
What is A like? 240
What would you like? 238
What's the matter? 225
What's the problem? 225, 236
What's wrong? 224
What's wrong with ~? 224
Why don't we do? 224
Why don't you do? 225
Why not? 228
Would you like ~? 232
Would you like to do? 227

Y

You did a good job. 236
You did it. 242
You have the wrong number. 225
You, too. 238
You're right. 233
You're welcome. 235

255

[編者紹介]

ロゴポート

語学書を中心に企画・制作を行っている編集者ネットワーク。編集者、翻訳者、ネイティブスピーカーなどから成る。おもな編著に『英語を英語で理解する 英英英単語® 初級編／中級編／上級編／超上級編』、『英語を英語で理解する 英英英単語® TOEIC®L&R テスト スコア 800／990』、『中学英語で読んでみる イラスト英英英単語®』、『英語を英語で理解する 英英英熟語 初級編／中級編』、『出る順で最短合格！ 英検®1級～準2級単熟語 EX［第2版］』『最短合格！ 英検®1級／準1級 英作文問題完全制覇』、『最短合格！ 英検®2級 英作文&面接 完全制覇』、『最短合格！ 英検®準2級／3級 ライティング完全制覇』、『出る順で最短合格！ 英検®1級／準1級 語彙問題完全制覇［改訂版］』（ジャパンタイムズ出版）、『TOEFL® テスト 英語の基本』（アスク出版）、『だれでも正しい音が出せる 英語発音記号「超」入門』（テイエス企画）、『分野別 IELTS 英単語』（オープンゲート）などがある。

カバー・本文デザイン／ DTP 組版：清水裕久（Pesco Paint）
校正：大塚智美
イラスト：こつじゆい
ナレーション：Peter von Gomm（米）／ Rachel Walzer（米）／田中舞依
録音・編集：ELEC 録音スタジオ

本書のご感想をお寄せください。
https://jtpublishing.co.jp/contact/comment/

出る順で最短合格！

英検®3級単熟語 EX［第2版］

2024年1月5日 初版発行

編　者　ジャパンタイムズ出版 英語出版編集部＆ロゴポート
　　　　©The Japan Times Publishing, Ltd. & Logoport, 2024
発行者　伊藤秀樹
発行所　株式会社 ジャパンタイムズ出版
　　　　〒102-0082 東京都千代田区一番町 2-2 一番町第二 TG ビル 2F
　　　　ウェブサイト　https://jtpublishing.co.jp/
印刷所　日経印刷株式会社

本書の内容に関するお問い合わせは、上記ウェブサイトまたは郵便でお受けいたします。
定価はカバーに表示してあります。
万一、乱丁落丁のある場合は、送料当社負担でお取り替えいたします。
（株）ジャパンタイムズ出版・出版営業部あてにお送りください。
このコンテンツは、公益財団法人 日本英語検定協会の承認や推奨、その他の検討を受けたものではありません。
Printed in Japan　ISBN 978-4-7890-1853-1